페미니즘
리포트

● 김아영 · 이현주 · 한고은 · 박다해 지음 ●

21세기북스

차
례

1장. '탈코르셋'을 실천하는 여성들 _____ 박다해

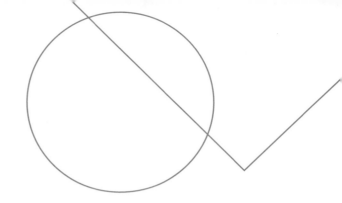

2장. 디지털 성범죄의 역사   한고은

3장. 공정한 월급봉투의 함정 _____ 김아영

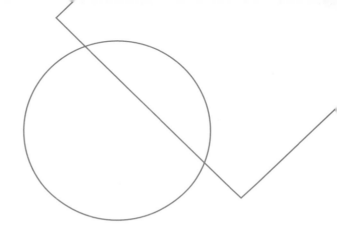

4장. 소수자 인권과 차별금지법 _____ 이현주

  2016년 20대 여성을 살해해 여성 혐오 논란을 일으킨 '강남역 살인 사건'부터 '미투(#MeToo)·위드유(#WithYou)' 운동, '탈코르셋', 차별금지법, 디지털 성범죄 사건인 'n번방' 사태까지, 우리는 그 어느 때보다도 급격한 변화의 시대를 겪고 있다. 페미니즘이라는 바람을 타고 많은 사람들이 그동안 가슴속에 품어왔던 답답함, 슬픔, 분노 등을 토해내기 시작했고, 그런 목소리가 모여 사회 곳곳에서 구체적인 변화를 이끌어내고 있다. 기자로서 우리는 그런 변화의 현장에 누구보다도 가까이 있었고 의미 있는 순간들을 목격했다. 이 책은 우리가 목격하고 취재한, 페미니즘이라는 바람이 지나간 자리에 대한 이야기를 모은 것이다.

  이 책의 네 저자는 각자 경력도 다르고 나이도 다르며, 전문 분야도 다르다. 공통점이 있다면 페미니즘 열풍이 불어닥친 지난 몇 년간 여성 이슈를 취재했다는 점이다. 우리 사회 저명한 여성학자들, 사회학자들을 찾아다니며, 때로는 현장의 목소리를 들으며 우리 사회에 성평등과 관련해 어떤 문제가 있는지, 또 어떤 문제들이 해결의 실마리를 찾아가고 있는지 추적하고자 했다.

대략 2015년부터 우리 사회에서 이슈가 된 사건들을 테마로, 그 속에 담긴 의미들을 여러 각도로 조망했다. 마감 시간에 쫓겨서 혹은 지면의 한계로 미처 보도하지 못한 이야기들, 그리고 취재가 끝난 후에도 놓을 수 없어 좀 더 파고들었던 이야기들을 추적하다 보면 그동안 보지 못했던 해결책들을 찾을 수 있을 것이라 생각했다. 물론 그중에는 아직 갈 길이 많이 남아 있는 이슈들도 적지 않다. 그래도 지금까지의 변화와 성과를 정리하다 보면 엉킨 실타래를 풀어나갈 수 있을 것이라는 기대감으로 책을 쓰게 되었다. 우리들의 '작은 연대'는 그렇게 시작됐다.

이 책은 총 네 개의 장으로 구성되어 있다.

1장 《'탈코르셋'을 실천하는 여성들》에서는 탈코르셋 담론을 통해 여성의 몸을 둘러싼 억압의 역사와 변화의 흐름을 함께 짚는다. 2017년경부터 사회관계망서비스(SNS)를 통해 확산된 탈코르셋 운동은 오랜 기간 여성의 꾸밈을 당연시해 온 사회에 의문을 제기했다. 샤넬 코리아 노동자가 '꾸밈 노동' 관련 소송을 제기하고 '핑크 택스(pink tax)'에 반대하는 움직임이 일어난 것이 그 예다. 그런 움직임이 어떤 과정을 거쳐 어떤 성과를 냈는지 꼼꼼히 추적했다.

2장 《디지털 성범죄의 역사》에서는 국내 최대 음란 사이트였던 '소라넷' 폐쇄부터 'n번방' 사건까지 한동안 우리 사회를 뒤흔들었던 디지털 성범죄 관련 주요 사건과 함께 미비했던 법과 제도, 정책의 변화상을 짚는다.

3장 《공정한 월급봉투의 함정》에서는 성차별 없는 노동권 보장 문제를 다루었다. 남녀가 차별 없이 공정한 월급봉투를 받는 것처럼 여겨지지만 실상은 그렇지 않은 현실을 해부하고, 해결책은 무엇인지 살펴보았다.

마지막 4장 《소수자 인권과 차별금지법》에서는 제목 그대로 성 소수자 등의 인권과 차별금지법을 다룬다. 트랜스젠더 등의 인권과 관련해 벌어진 지난 몇 년 동안의 사건들을 분석한다. 또한 혐오로 표현되는 소수자 차별을 해소할 대안이 될 수 있는 차별금지법이 어떻게 진행되고 있는지 소개한다.

우리는 지금 이 순간에도 '평범한 차별(ordinary discrimination)'과 얼굴을 맞대고 있을지 모른다. 하지만 지난 몇 년간 우리 사회는 꽤 놀라운 변화를 이끌어냈고, 적어도 무엇이 문제인지 드러내는데 성공하기도 했다. 이 책에는 그 성과와 남은 과제를 함께 담았다. 기자들의 취재 노트에서 출발한 이 글들이 변화의 바람을 지속시키는 일에 조금이라도 기여하기를 기대하며 조심스레 책을 건넨다.

2021년 9월
저자 일동

1장

'탈코르셋'을
실천하는 여성들

박다해

#탈코르셋

1
왜 여성은 반드시
예뻐야 하죠?

"'여자는 예뻐야 한다'는 인식 때문에 화장하는 연령대가 더 낮아진 것 같아요. 저는 긴 머리였다가 단발로 잘랐고, 이후 '투블럭(앞머리와 윗머리는 남기고 옆머리와 뒷머리를 짧게 자르는 스타일)'으로 자르게 됐어요. 이 과정에서 엄마랑 실랑이가 있었죠. 저는 끝없이 자르고 싶다고 말했고, 엄마는 '예뻐야 하니까 차라리 머리를 길러라'라고 했어요. 그런데 그게 상처가 됐어요. 내 정체성이 '예뻐야 한다'고만 생각하시는 건가? 싶었어요. 저는 예쁘고 싶은 게 아닌데, 제 정체성이 그것만 있는 건 아닌데 말이죠." (열다섯 살, 이○○)

"요즘엔 화장품이 '키즈용'부터 있으니까 어린아이들도 어디에 쓰는지 다 알더라고요. 심지어 유치원생까지도요. 제가 친척 동생들이 많아서 돌보다 보면, 여자 사촌 동생들은 화장품 놀이를 해달라고 하고, 남자 동생들은 총 놀이나 칼싸움을 해달라고 해요. 여자 동생들이 '언니, 이건 볼 터치야', '언니, 나는 치마 입을래'라고 말해서 충격을 받았어요.

'여자라고 꼭 치마 안 입어도 돼. 바지 입어도 예쁘고 머리가 짧아도 예뻐'라고 말해주었는데, 이제 예닐곱 살인 동생들이 '아니야, 여자는 뚱뚱하면 안 예뻐. 나는 뚱뚱해지지 않을 거야'라고 답하더라고요.

동생들한테 어떻게 말해주어야 할지 모르겠어요. 유치원생도 화장을 다 알고 있는데 이걸 어떻게 바꿀 수도 없고, (상황이 이러니 화장을) 안 할 수도 없고 고민이 되더라고요. 화장을 벌써 다 아는 게 정말 신기해요." (열다섯 살, 김○○)

2020년 8월, 취재차 찾은 인천에서 여자 중학생들을 만났을 때 들은 이야기다. 이 중학생들은 여성 청소년의 인권 문제를 함께 공부하고 그 결과물을 주위에 널리 알리기 위한 프로젝트 팀의 구성원이다. 이들은 일상에서 이미 많은 질문을 마주하고 있었다.

'요즘 학생들'의 이야기가 궁금해 "정말로 학교에서 화장을 하는 친구들이 많나요?", "탈코르셋 이슈에 관심이 많나요?"
하고 물었다. 예상한 것 이상으로 상세한 답변과 내밀한 고민
이 쏟아져 나왔다.

'탈코르셋'뿐 아니라 '탈루키즘(외모 지상주의에서 벗어나는
것)'이란 용어까지 소개하던 학생도 있었다. 그 학생은 기자
에게 "왜 여성은 반드시 모두가 예뻐야 하죠?"라고 되물었다.
탈루키즘이란 단어를 직접 듣는 건 처음이었다. 그 학생은 제
나름의 경험과 성찰을 토대로 탈루키즘에 대한 생각을 조리
있게 풀어냈다.

꾸밈은 더 이상 당연하지 않다

'탈코르셋 운동'은 10대 후반부터 20~30대 등 상대적으로
젊은 여성을 중심으로 확산하고 있는 운동이다. 간단히 줄여
'탈코'라고도 부른다. 2015년 여성 혐오(misogyny)에 대한
'미러링(거울에 비춰 보이듯 특정 행위를 의도적으로 모방하는 것)'을
내세웠던 '메갈리아' 사이트의 등장, 2016년 '강남역 여성 살
인 사건', 2018년 '#미투 운동' 등을 거치며 페미니즘이 대중
화하는 과정을 겪은 이들이 주축이 됐다.

탈코르셋은 여성의 허리를 조여 날씬해 보이게 만들어주는 속옷 '코르셋'과, '벗어남'을 뜻하는 한자 '탈(脫)'을 합친 신조어다. 이때 '코르셋'은 단지 속옷뿐만이 아니라, 화장, 의상 등 여성의 외모에 대한 사회적 고정관념을 뜻한다. 예컨대 '날씬하면서 볼륨감도 있는 몸, 어느 자리에서나 반드시 단정하게 해야 하는 화장, 늘 찰랑찰랑 유지하는 긴 생머리, 제모와 시술을 통해 관리해야 하는 매끈하고 하얀 피부'가 코르셋의 일종이라고 볼 수 있다. 탈코르셋 운동은 여성이 사회가 요구하는 외모의 기준을 부수고 무너트리는 데에서 시작한다.

대다수 사람들에게 단단히 뿌리박고 있는 이 코르셋들은 미디어와 불가분의 관계다. 방송은 끊임없이 '여성이면 모름지기 자신의 외모를 가꾸고 변신해야 한다'고 말한다. 이런 '관리'에 성공한 이들만 조명을 받을 수 있다. 여성 연예인의 각종 다이어트 방법은 자랑스러운 훈장처럼 공유된다. 갈비뼈가 보일 정도로 마른 걸그룹을 매일같이 TV에서 만나는 것도 어렵지 않다.

사회는 한술 더 떠 이러한 문화를 적극 수용하고 상업화한다. 저렴한 가격으로 화장품을 판매하는 '화장품 로드 숍'이나 '드러그 스토어'를 곳곳에서 만날 수 있는 것처럼 말이다. 그

영향은 어린이와 청소년에게까지 강하게 미친다.

　녹색소비자연대가 2017년 발표한 '어린이 · 청소년 화장품 사용 행태' 조사를 보면, '색조 화장'을 해본 경험이 있는 초 · 중 · 고생은 전체의 42.4%였다. 성별에 따른 차이도 확연했는데, 색조 화장을 경험한 남학생의 비율은 초 · 중 · 고등학교에서 모두 3% 미만으로, 대부분 여학생에게서 쏠림 현상이 나타났다.[1]

　이런 환경에서 탄생한 탈코르셋 운동은 여성이 자신의 몸을 자신의 신념과 가치에 따라 능동적으로 재구성해 나가고자 한다. 사회가 요구하는 기준에 맞추기 위한 여성의 꾸밈이 더 이상 '당연하지 않다'고 말하는 움직임이기도 하다.

보여지는 대상에서 의지를 가진 주체로

　탈코르셋 운동은 자신이 가지고 있던 화장품을 부수거나 깨트려 쓰레기통에 버린 뒤 이를 사진으로 찍어 '#탈코르셋'이란 해시태그와 함께 '인증'을 하면서 시작되었다. 화장을 해야 한다는 강박에서 적극적으로 벗어나겠다는 행위이다.

　긴 머리를 짧게 자르는 것도 인증 방식의 하나다. 탈코르셋을 시작한 이들은 아예 쇼트커트 스타일로 머리를 짧게 자르거나 투블럭 스타일로 머리를 시원하게 밀어버리는 경우도 있었다. 언뜻 외양만 보면 남성과 큰 차이가 없는 형태로 자신을 드러내는 것이다.

이들의 움직임은 큰 반향을 일으켰다. 화장하는 영상을 꾸준히 촬영해 올렸던 뷰티 유튜버 배리나 씨가 2018년 6월 "나는 예쁘지 않습니다"라며 탈코르셋을 선언한 일은 상징적이다. 이 영상은 한 달 만에 조회 수 200만 회를 기록했다. 탈코르셋을 직접 실천하는 주인공이 등장하는 만화 『탈코일기』는 2019년 1월 크라우드 펀딩 플랫폼 텀블벅에서 무려 1억 9천만 원이 넘는 후원을 받기도 했다.

탈코르셋 운동은 단순히 외양을 꾸미지 않겠다는 선언에 그치지 않는다. 오랜 시간 사회가 여성에게 기대하고 부여해온 '규범적 여성성'을 넘어서기 위한 주체적인 움직임으로 이어진다. 이는 '늘 아름답고 순응하는 존재일 것, 주관을 적극적으로 드러내기보다 항상 미소를 지으며 타인을 따를 것, 자신의 역할 수행에 집중하기보다 외양을 잘 꾸밀 것' 등 여성이 내면화해온 각종 사회적 규범과 행동 양식 등에 의문을 제기하고 이를 적극적으로 거부하는 운동이기도 하다.

즉, 화장이나 옷차림을 거부하는 것뿐만 아니라 여성에게 주어진 '성 역할'을 지양하는 것 역시 탈코르셋 운동의 범주에 속한다. 이 과정을 통해 여성은 타인에게 보여지고 평가받는 '대상'에서 스스로 의지를 가진 '주체'로 바뀌어 나간다.

탈코르셋 운동은 여성이, 여성의 몸이, 여성의 역할이 왜 남성과 동일하게 '인간'으로서 기능하지 못하고 있는지 되묻는 일이기도 하다. 건강을 포기하고 아름다움을 취하는 일이, 능력보다 외모로 평가받는 일이 왜 여성에게는 당연한 일이 돼 왔는지도 질문을 던진다.

어떤 방법으로, 어느 범위까지 탈코르셋 운동에 참여해야 하는지 계속 뜨거운 논쟁이 벌어지고 있다. 하지만 변화는 이미 시작되었다. 여성들이 많이 이용하는 온라인 커뮤니티 등에서는 "여성 연예인의 얼굴이나 몸매를 세분화해 평가하거나 분석하지 말자"라는 자성의 목소리가 나오고 "극단적인 다이어트를 하지 말고 건강하게 살자"라거나 "자신의 몸을 있는 그대로 수용하자"라는 움직임도 조금씩 확산 중이다.

오랜 관습에 작은 균열이 벌어지기 시작했다. 코르셋에서 벗어나기 위한 여성들의 용기 있는 움직임을 함께 따라가 보았다.

2
꾸밈 노동에
반기를 들다

만약 매일 회사에 화장을 하고 출근한다고 가정해보자. 대개 스킨, 로션 등 기초 제품을 바르고 자외선 차단제를 바르는 것으로 시작한다. 여기까진 성별과 관계없이 대부분 비슷하다.

여성들은 여기서 한 발 더 나아가 파운데이션을 바르고 아이섀도, 마스카라, 아이라인 등 눈 화장을 한다. 눈썹을 그리고 립스틱이나 틴트도 바른다. 파우더로 화장을 마무리하는 경우도 있다. 사람마다 다르겠지만, 상대적으로 간단한 화장만 한다고 해도 최소 5~15분의 시간이 추가로 소요된다. 만약 하루에 10분씩, 주 5일, 4주 동안 화장을 하고 출근한다면? 적어도 여성은 한 달에 200분씩 자신을 꾸미는 데 시간을 더 쓰는 셈이다.

만약 이러한 화장이 자발적 의지가 아니라 회사가 요구한 근무 조건이라면 어떻게 될까? 이때 '꾸밈'은 그 자체로 추가 노동이 되는 것 아닐까?

꾸미는 시간도 노동시간일까?

이런 의문을 토대로 실제로 문제를 제기한 노동자들이 있다. 2017년 10월, 전국 백화점 매장에서 일하는 샤넬코리아 직원 330여 명으로, 이들은 사측을 상대로 임금 청구 소송을 제기했다.[2] 이 사건은 '꾸밈 노동'이란 개념을 전 사회에 알린 계기가 되었다.

샤넬코리아 직원들은 취업규칙에 규정된 출근 시간인 9시 30분보다 30분 일찍 출근해 회사가 정해준 엄격한 규칙대로 메이크업과 헤어스타일, 복장을 갖추도록 단장해야 했다. 이들은 이 시간을 근무시간으로 인정해 약 3년 치 초과 근무 수당으로 1인당 500만 원을 지급해달라고 회사에 요구했다.

위와 같은 꾸밈 행위가 자발적으로 이뤄졌다고 보기 어려운 것은, 샤넬코리아가 '그루밍 가이드'라는 지침을 별도로 두고 특정 아이섀도와 립스틱을 사용하도록 강제했기 때문이다. 이뿐만 아니라 회사는 손톱에 바르는 매니큐어 색깔, 향수, 크로스백 착용 여부까지 규정했다.

이 그루밍 가이드 때문에 직원들은 기존 출근 시간보다 일찍 나와 회사의 지침에 따라 정해진 형태의 화장을 하고 옷을 입어야 했다. 일찍 출근해 규정대로 꾸민 시간이 업무 수행과 직간접적으로 연결되기 때문에 직원들은 이를 근거로 연장 근로 수당을 지급해달라고 요청한 것이다.

2년간의 싸움 끝에 법원은 2019년 원고 패소 판결을 내렸다. 직원용 출퇴근 기록시스템이 따로 없어 '매일 30분 일찍 출근해 근로를 제공'한 점을 인정할 만한 기록이 남아 있지 않고, 제출한 영상 증거만으로는 회사가 "일찍 출근해 화장을 하라"라고 지시했다는 근거가 불충분하다는 것이 이유였다.[3]

비록 샤넬코리아 직원들의 싸움이 승리하진 못했지만, 이들의 투쟁은 여성에게 꾸밈의 의무가 주어지는 것, 이 때문에 추가 노동시간까지 투입해야 하는 점을 되돌아볼 기회를 만들어냈다는 면에서 의미가 있다.

여성은 메이크업 필수, 남성은 청결만?

샤넬코리아처럼 여성 직원에게 세세한 규정을 토대로 외모를 가꿀 의무를 부여하는 곳은 드물지 않다. 심지어 같은 직장이라도 성별에 따라 주어지는 꾸밈의 강도가 확연하게 차이 난다.

예컨대 한국철도공사의 '전동 열차 승무원 업무 매뉴얼'은 여성 승무원에게 메이크업 의무를 부과해왔다. 여성 승무원은 심지어 야간 및 새벽 근무시간에도 립스틱을 바르고 눈썹을 칠하는 등 기본적인 메이크업을 해야 했다.[4] 매뉴얼은 매우 상세하다. 립스틱이나 매니큐어 색깔을 핑크, 오렌지 등 회사가 정해준 특정한 색깔만 사용할 수 있도록 명시했다.

반면에 남성 승무원은 위생과 청결을 강조하는 매우 기본적인 수준에 그친다. 대화할 때 담배 냄새 등 입 냄새가 나지 않도록 청결히 한다거나 코털이 밖으로 보이지 않도록 다듬어야 한다는 정도다.

이런 차이는 사회가 남성 승무원과 여성 승무원에게 암묵적으로 각기 다른 역할을 부여하고 있는 것과도 무관하지 않다. '잘 단정된 여성의 외모'를 서비스의 일종으로 환원하는

1장. '탈코르셋'을 실천하는 여성들

오랜 문화와 관습이 녹아 있는 것이다.

따라서 남성 승무원은 타인에게 불쾌감을 주지 않을 정도로만 단정하게 채비를 하면 되지만, 여성의 경우 세세한 지침에 맞춰 외모를 꾸미는 것이 승무원으로서의 업무 역량을 평가하는 기준이 된다. 하지만 립스틱과 매니큐어의 색깔이 과연 '승객이 편리하게 철도를 이용할 수 있도록 한다'는 업무의 본질과 어떤 연관이 있을까?

꾸미지 않았다고 해고되다니

심지어 꾸밈 노동을 거부했다는 이유로 해고된 사례도 있다. 한 프랜차이즈 카페에서는 2018년 투블럭 헤어를 한 아르바이트생을 해고해 논란이 된 바 있다.[5] 당시 해고된 아르바이트생 A 씨는 사과와 보상을 요구하며 카페 홈페이지에 항의 글을 올렸다.

"음식을 파는 매장인데 머리를 짧게 자르고 화장도 안 하고 오면 어떻게 해요?"라는 말을 듣고 출근 5분 만에 해고당했다는 내용이다. 논란이 확산되자 프랜차이즈 카페 본사는 당사자에게 사과와 함께 '인사 노무 관리 매뉴얼'을 수정 · 보완하고, 가맹점주 의무 교육과정에 성차별 교육과정을 신설해 이를 필수로 교육하겠다고 밝혔다.

　꾸밈 노동이 문제가 되는 것은 단순히 여성들이 시간과 노력을 더 투입해야 하기 때문만은 아니다. 여성을 '일하는 존재'가 아닌 '타인에게 보여지는 존재', '피동적으로 순응하는 존재'로 상정하고, 실제 업무 수행 능력과 무관한 사항을 기준으로 여성을 평가하기 때문이다. 더 나아가 이런 외모 규정을 조금이라도 벗어날 경우 일할 수 있는 기회를 박탈함으로써 노동시장에서 여성을 배제하는 효과도 낳는다.
　한국여성민우회는 2020년 2월 감정 노동, 가사 노동, 돌봄 노동과 함께 꾸밈 노동도 여성에게만 부당하게 요구되어왔다는 점을 짚으며 "한국 사회는 여성에게 노동자가 아닌 장식품으로서 기능할 것을 끊임없이 요구하고, 이는 여성의 업무 능력을 저하시키고 건강을 위협한다"라고 비판했다.

3
여자는 분홍색,
남자는 파란색?

사회가 여성과 남성을 어떻게 구별해서 인식하는지 알아보는 방법은 의외로 매우 간단하다. 대형 마트의 문구·장난감 코너를 가 보는 것이다. 이곳에선 생물학적 성별에 따라 장난감을 구별하는 기준이 적나라하게 드러난다.

여자아이들이 쓰는 문구는 대부분 분홍색이며 공주 이미지가 담겨 있다. 반면 남자아이들의 물건은 파란색이고 로봇이나 자동차의 이미지가 붙는다. 그나마 디즈니 애니메이션 「겨울왕국」의 등장으로 주인공 엘사의 옷 색깔인 '하늘색'이 여자아이들의 문구나 의류에 등장한 점을 변화라면 변화로 꼽을 수 있을까? 이마저도 '공주' 캐릭터에서 완전히 벗어나지 못했지만 말이다.

'얌전하고 예쁘고 분홍색'인 여성 캐릭터

유아용품이나 문구를 성별에 따라 특정 색깔이나 캐릭터를 이용해 구분한 것이 대수냐고 물을 수도 있다. 아이들의 취향과 선호를 반영한 것이란 반론이 있을 수도 있다.

하지만 아이들이 자라나면서 이러한 경향성을 기반으로 성별에 따른 고정관념을 습득하게 된다면 이는 충분히 되짚어볼 여지가 있다. 특정 색깔이나 캐릭터를 토대로 한 '구별 짓기'를 통해 '여자는 여자답게, 남자는 남자답게' 자라야 한다는 관념이 자연스레 형성될 수 있기 때문이다.

또 많은 공주 캐릭터들은 대개 '아름다운 공주를 왕자님이 구해주는' 식의 이야기 속에 등장하는데 아이들은 이를 통해 사회가 요구하는 규범적 여성성을 배울 수 있다. 자신의 취향과 선호, 성향과 능력을 스스로 알아가기도 전에 사회가 만들어낸 편견과 잘못된 관념을 내면화하는 셈이다. '여성은 얌전하고, 수동적이고, 도움을 주기보다 받는 존재여야 한다', '여성은 상대적으로 언어 능력이 뛰어날 수 있지만 수학과 과학은 잘 못한다'는 등의 고착된 관념이 대표적이다.

아이들이 즐겨보는 애니메이션에는 이러한 고정관념이 잘

나타난다. 한국양성평등교육진흥원과 서울YWCA는 2018년 6월 발간한 「대중매체 양성평등 모니터링 보고서」에서 "어린이 프로그램에서 성별 고정관념을 강화하는 등장인물의 성비를 분석한 결과 여성 캐릭터의 비율이 더 높다"라고 밝혔다.

여성에게는 분홍색 계열의 치마 의상을 입히고 "얌전하고 예쁘다"라는 표현을 사용하고, 남성에게는 푸른색 계열의 의상을 입히고 "씩씩하고 힘이 세다"라는 표현을 사용하는 식이다. 예컨대 만화 「파워배틀 와치카」에서는 '아리'란 여성 캐릭터가 "오늘도 나의 예쁜 외모로 문제 해결"이란 대사를 말한다. 시청자는 만화를 보면서 '예뻐야 한다'는 외모 지상주의를 자연스레 습득하게 된다.

성별에 따라 주로 맡는 역할의 차이도 존재한다. 위기에 처한 사람을 구하는 영웅적 면모를 보여주는 주인공은 대부분 남성 캐릭터의 몫이다. 여성 캐릭터는 주로 타인을 돌보는 역할을 맡거나 사소한 사건에 투입되는 경향을 보인다.

시민단체 '정치하는 엄마들'도 이런 문제를 지적하며 성별 고정관념과 성차별을 답습하는 미디어를 고발하는 '핑크노모어' 캠페인을 2019년에 진행했다. 이들은 성차별이 성 역할에 대한 고정관념에서 비롯된다는 문제의식 아래 혐오, 차별,

고정관념을 담은 콘텐츠를 수집하고 기록했다.

특히 '정치하는 엄마들'은 장난감 회사가 애니메이션 제작과 배급에 참여하면서 성별 고정관념이 반영된 콘텐츠를 상품으로까지 제작해 적극적으로 판매하고 있는 점을 지적했다. 애니메이션에서 천편일률적인 외모 기준을 보여주면서 아이들로 하여금 '저렇게 보여야 예쁘구나'라는 인식을 하게 만든다. 또 관련 캐릭터가 그려진 어린이 화장품 등 상품을 판매해 장난감 회사가 이득을 취하는 사이, 아이들은 자연스럽게 만화 속 주인공처럼 '화장을 해야 한다', '예뻐져야 한다'는 인식을 받아들이게 된다.

여자답게, 남자답게가 아닌 '나답게'

고무적인 것은 이러한 성별 고정관념에 대항하는 움직임도 생겨나고 있다는 것이다. 아이들을 위해 성 평등한 내용의 그림책을 선별해 제공하는 그림책 큐레이션 서비스 '우따따' 사례가 대표적이다.

'우따따' 서비스를 운영하는 유지은 딱따구리 대표는 "성 평등 교육의 목표는 단지 성별 때문에 나의 가능성이나 잠재력을 억누르지 않고 내가 원하는 것을 자연스럽게 선택하고 '나'로서 살아갈 수 있게 하는 것"이라며 해당 서비스를 운영하는 이유를 밝혔다. 실제로 '우따따' 서비스는 '여자다움' 또는 '남자다움'이 아닌 '나다움'을 이야기하는 책들을 선별 기준으로 삼는다. 딱따구리가 만든 '책장 평등 지수 테스트'는 콘텐츠가 성차별적인지 여부를 가늠할 수 있는 지표다.

예를 들어 여자아이가 전체 이야기에서 보조적인 역할만 하는지, 남자아이는 다른 아이를 괴롭히거나 로봇, 공룡, 자동차만 좋아하고 여자아이는 외모에 치중하거나 질투심이 많게 그려지는 등 성 고정관념을 따르는지, 가계 부양자는 남성, 집안일을 하는 사람은 여성으로 그려 성 역할 고정관념을 강화하는지, 여성은 예쁘고 날씬해야 한다고 말하며 외모 지상주의를 조장하는지 등이 기준으로 제시된다.

성별 고정관념이 개인의 능력을 발휘하는 데 장애로 작용하지 않도록 제도적 기반도 마련되고 있다. '여성이 약한 분야'라는 편견이 작동하는 과학(science) · 기술(technology) · 공학(engineering) · 수학(math) 분야, 이른바 스템(STEM) 분야에 여성이 더 많이 참여하고 적극적으로 진출할 수 있도록 지원하는 정책이 대표적이다.

2020년 10월 한·미·일 3국은 '여성 역량 강화 3자 화상회의'를 열고 여성의 스템 분야 산업 참여를 제한하는 장애물을 제거하기 위해 함께 협력하는 방안을 논의했다. 이는 '여성은 문과, 남성은 이과'와 같은 편견이 존재하는 사회에서는 실제 여성의 능력과 무관하게 여성의 성장 가능성 자체가 축소되고, 성별에 따른 불평등이 심화된다는 판단 때문이다.

실제로 성별 고정관념이 능력과 무관하게 여성의 진로에 영향을 미친다는 연구가 여럿 존재한다. 여학생들은 대체로 남학생보다 직업에 대한 성 고정관념을 뚜렷하게 갖고 있는 편이다.

이러한 고정관념이 처음 생기는 때는 4~5세로, 이 때 여자 아이들은 이른바 '남성적인' 직업에 대해 고착된 관념을 갖게 돼 이를 장래희망에서 배제한다. 반면 같은 나이 대 남자아이들은 분야와 성향을 불문하고 모든 직업을 가질 수 있다고 생각하는 경향을 띤다.[6] 특히 과학자에 대한 남성적 이미지가 강하다는 점을 고려할 때 이러한 경향은 여학생들이 과학 분야로 진로를 결정하는 것을 기피하게 만든다. 또 여성이 이공계 직업을 가질 경우 남성에 견줘 능력이 뛰어나지 못할 것이란 편견을 스스로 갖게 될 우려도 있다.[7]

1장. '탈코르셋'을 실천하는 여성들

하지만 수학 등 이공계 관련 과목 성적을 볼 때 여성이 결코 남성보다 뒤떨어지지 않는다. 오히려 더 우수한 측면도 있다. 한국여성정책연구원은 "지난 2015년부터 대학수학능력시험에서 여학생들의 수학 성취가 남학생들을 따돌리고 있음에도 여학생들의 공대 진학률이 여전히 18.4%에 머무른다"라며 "이러한 현실은 남녀학생의 진로 선택이 개인의 적성과 자질이 아닌, 사회적 편견과 성별 고정관념의 영향을 받고 있음을 드러낼 뿐 아니라, 훌륭하고 똑똑한 여성들을 힘껏 육성하고도 매우 비효율적으로 활용하는 우리나라 인적자원 전략의 한계를 보여준다"라고 지적한 바 있다.[8]

사회가 여성에게 씌운 '코르셋'의 범주가 비단 외적인 부분에 그치지 않듯, 탈코르셋 운동도 단순히 꾸밈을 거부하는 일에 국한되지 않는다. 이처럼 성별에 따라 고정된 이미지, 관념, 역할에서 탈피하는 움직임 역시 탈코르셋 운동의 한 범주로 볼 수 있을 것이다.

4
'핑크 택스', 여성용 제품에 매겨지는 값

여자 배구와 남자 배구 경기를 번갈아 보다가 놀란 점이 있다. 유니폼의 모양 차이 때문이다.

여자 배구 선수들은 민소매 상의에 몸에 달라붙는 매우 짧은 바지를 입는다. 남자 배구 선수는 대부분 반팔 상의에 통이 넓고 무릎까지 긴 바지를 입는다. 짧은 바지가 경기력에 도움이 되는 것이라면, 남성 선수들도 똑같은 디자인의 유니폼을 입었을 텐데 의아했다.

성별에 따른 의상 차이는 한국배구연맹(KOVO)의 공식 규정에도 명기돼 있었다. '도드람 2019~2020 V리그' 경기 규정을 보면, 남자 선수의 유니폼 하의는 "허리와 길이는 헐렁하거나 느슨하지 않아야 한다"라고 되어 있는 반면, 여자 선수의 경우 "허리와 길이(하지장 12cm이내)는 타이트해야 하며 몸 선에 맞아야 한다. 반바지 스타일(치마바지)이거나 골반 쪽으로 파인 삼각형 모양이어야 한다"라고 규정되어 있다.

이에 대해 문제의식을 느낀 배구 팬들이 많았는지, 연맹 홈페이지의 자유게시판에는 이러한 규정이 성차별적이고 여성 성수의 신체를 대상화하는 구시대적인 규정이라며 교체할 것을 요구하는 글이 여럿 올라왔다. 그 결과 이듬해 '도드람 2020~2021 V리그' 경기 규정에서는 유니폼 하의의 남녀 구분이 없어지고 "허리와 길이는 헐렁하거나 느슨하지 않게 몸에 잘 맞아야 한다"라고 변경됐다. 하지만 이런 변화의 바람이 아직 경기장까지 불지는 않은 모양이다. 여전히 여성 선수들의 유니폼 하의는 남성보다 짧고, 몸에 딱 붙는다.

주머니에 달린 성차별

의상에서 나타나는 성별 간 격차는 비단 특정 유니폼만의 문제는 아니다. 패션의 역사에 성차별이 언제나 기본값처럼 존재해왔음을 알려주는 사례가 있다. 바로 '옷 주머니'다.

여성용 옷에 주머니가 생긴 역사는 길지 않다. 휴대폰과

지갑 등을 넣을 수 있게 '충분히 크고 깊은 주머니'를 단 여성용 옷은 사실 2020년대에도 찾기 쉬운 편은 아니다. 반면 남성용 옷에는 대부분 예외 없이 크고 튼튼한 주머니가 달려 있다.

'주머니 성차별'은 꽤 오랜 시간을 거슬러 올라간다. 영국 런던의 빅토리아앤드앨버트박물관의 소장 자료를 보면, 17세기 후반부터 남성용 옷에는 주머니와 같은 형태가 생겨나지만 여성은 주머니를 따로 매단 줄을 허리에 둘러 속치마 아래에 매야했다.[9]

시대가 지나도 차이는 계속 이어진다. 20세기 중반 이후 '여성용 바지'가 나왔지만, 디자이너들은 여성이 날씬해 보이는 옷을 만드는 데 집중했다. "남성용 옷에 있는 주머니는 무언가를 넣기 위한 것이다. 여성용 옷에 있는 건 그저 장식용이다(1954년)"라는 디자이너 크리스찬 디오르의 발언은 당대 디자이너들의 인식을 잘 드러낸다.[10]

비단 주머니 문제만 있는 것은 아니다. 탈코르셋 운동이 확산하면서 여성 옷과 남성 옷의 질과 마감의 완성도 자체가 다르다는 사실이 온라인을 중심으로 화제가 되었다. 같은 슬랙스 바지라고 해도 성별에 따라 원단의 혼용 비율, 주머니 및 안감의 유무 등에서 차이가 난다는 얘기였다.

실제로 『신동아』가 2020년 7월 현직 디자이너와 함께 주요 브랜드의 의상을 비교해보니 성별에 따른 차이가 뚜렷하게 드러났다. 같은 콘셉트와 가격으로 판매되는 남성복과 여성복을 비교한 결과, 남성복에는 계절에 맞는 안감이 사용되고 신축성 있는 밴드가 있어 체형에 맞게 조절해 입을 수 있었지만, 여성복은 그렇지 않았다. 또 남성복 바지의 뒷주머니는 주머니가 터지지 않도록 한 번 더 재봉 처리가 되어 있었지만, 여성복 바지의 주머니에는 별도 재봉 처리도 없을뿐더러 크기도 작았다. 셔츠도 봉제 방식이나 주머니 유무가 성별에 따라 달라졌다.[11]

이런 사례들은 여성에게 '옷'의 역할이 무엇인지 다시 묻게 한다. 여성의 옷은 대부분 활동이 편한 방향으로 만들어지지 않았다. 그 대신 이상적인 신체를 위해 '아름답게' 보일 수 있는 측면에 초점을 맞춘다. 가능한 몸의 선을 군더더기 없이 드러냄으로써 외양을 강조한다. 이런 의상 디자인은 '코르셋'이 단지 중세 시대의 산물만이 아님을 보여준다.

여성은 남성보다 10만 달러를 더 써야 한다?

여성과 남성의 패션, 여성용품과 남성용품의 차이는 경제적인 면에도 영향을 미친다.

2018년 6월 청와대 국민청원 게시판에는 '핑크 택스(pink tax)를 아십니까?'라는 청원 글이 올라왔다. 머리를 자르는 비용도 성별에 따라 달라지는 점에 대해 문제를 제기한 내용이다.

청원인은 미용실에서 머리를 자르는 커트 비용이 여성은 1만 8,000원, 남성은 1만 2,000원으로 차이가 났다는 점을 비판했다. 심지어 여성 커트는 4만 4000원, 남성은 2만 2000원으로 여성 커트가 2배 비싼 곳도 있다고 지적했다. 청원인은 "남성 커트가 더 세심한 기술을 요구하는데도 남성 커트 비용이 더 저렴한 이유가 무엇이냐?"라고 물었다.

위 청원이 알려지면서 한국에서도 '핑크 택스' 이슈가 본격 주목을 받기 시작했다. 핑크 택스는 앞서 미용실 사례처럼 동일한 상품이나 서비스인데도 남성용보다 여성용의 가격을 더 비싸게 책정하거나, 옷처럼 같은 가격의 제품이라도 여성용은 질이 떨어지는 현상을 세금에 빗댄 용어다. 여성용 제품에 주로 분홍색이 사용되는 점에서 착안했다.

핑크 택스 논란이 한국에서만 벌어진 것은 아니다. 이 단어가 처음 온라인을 달군 건 2015년 말 미국 뉴욕시 소비자보호국이 24개 소매점에서 판매하는 800개 제품을 조사한 결과를 발표하면서다. 당시 조사 결과, 전체 제품의 42%가 여성용이 더 비싼 것으로 나타났다. 가격이 같은 건 40%였고, 반대로 남성용이 비싼 제품은 18%뿐이었다.

가격차가 가장 큰 제품은 미용용품이다. 샴푸, 컨디셔너, 데오드란트, 면도기 등은 여성용이 남성용보다 평균 13% 더 비쌌다. 영국에서도 제조업체, 성능, 규격이 같은데도 여성용 제품은 남성용보다 최대 2배까지 비싸게 팔린다는 보도가 나왔다.[12] 같은 제품에 분홍색 포장을 더하는 등 단지 여성용이란 이유로 가격이 달라진 것이다.

여성들은 핑크 택스 해시태그(#pinktax)를 SNS에 올리며 이러한 제품 사용을 반대하는 움직임을 펼쳤다. 미국의 비영리단체 '걸토크HQ'는 여성이 남성과 비슷한 품질의 상품을 소비할 때 매년 2천 달러 이상, 태어나서 죽을 때까지 10만 달러 이상을 더 지불하게 된다고 밝혔다.[13]

기능에는 차이가 없는데도 여성용품은 단지 포장을 다르게 했다는 이유만으로 더 높은 가격을 책정하는 것, 본질보다 외양에 집중해 실제 사용자인 여성에게 불편함을 안겨주는 것 모두 핑크 택스 현상의 일부다.

2018년 7월 한국에서도 핑크 택스에 항의하기 위해 '여성 소비 총파업' 운동이 일어났다. 이는 7월 1일부터 매월 첫째 주 일요일마다 여성이 소비와 지출을 중단한다는 운동으로, 여성 소비자의 영향력을 드러내기 위한 취지다. 1975년 아이슬란드에서 벌어진 '여성 총파업'과 같은 해 3월 8일 발생한 스페인의 여성 동맹 파업에서 구호를 따와 "우리가 멈추면 세상도 멈춘다"라는 표어를 내세웠다.[14]

핑크 택스 문제를 꾸준히 제기하면서 실제로 변화를 만들어낸 곳도 있다.

2019년 11월 독일에서는 생리대, 탐폰 등 삶에 필수적인 여성용품에 부과된 세금을 기존 19%에서 7%로 대폭 인하하는 법안이 통과되었다. 그동안 이 여성용품을 담배나 와인과 같은 사치품으로 분류해 높은 세율을 부과했는데 이를 개정한 것이다.[15]

캐나다도 2015년 생리대와 탐폰에 붙던 5% 세금을 폐지했고, 미국의 뉴욕주에서는 2020년 9월 핑크 택스 자체를 금지하는 법이 발효되었다. 이 법에 따르면 재료, 용도, 기능과 디자인, 특징, 브랜드 등에 차이가 없는 유사한 제품을 단지 여성용이란 이유만으로 가격을 다르게 책정하지 못하고, 서비스업종에서도 성별에 따라 가격에 차별을 둘 경우 벌금이 부과된다.[16]

한국에서는 여성임에도 남성용 또는 남녀 공용 옷을 구매하는 등의 방식으로, 이 같은 핑크 택스에 항의하는 움직임이 존재한다. 다만 이는 개인적인 실천의 차원일 뿐 공공의 영역에서 핑크 택스 관련 논의가 진척된 바는 아직 없다. 외국 사례처럼 더 광범위한 실태 조사와 이를 토대로 한 제도적 논의가 이어지기를 기대해본다.

5
브라렛과 드로어즈,
여성 속옷이 다양해진다

"나에게 브래지어는 액세서리다. 할 수도 있고 안 할 수도 있다." 배우 겸 가수 설리는 2019년 6월 JTBC2 예능 프로그램 「악플의 밤」에 출연해 브래지어에 대한 소신을 당당하게 밝혔다. 말로 그친 것이 아니라 설리는 자신의 '노브라' 사진을 SNS에 꾸준히 올려왔다. 그런데 이 때문에 자극적인 보도와 악플에 시달렸다.

그럼에도 설리는 방송에서 "'노브라'에 대한 편견이 없어졌으면 좋겠다는 생각이 들었고 '이거(노브라) 생각보다 별거 아니야'라는 말도 하고 싶었다", "브래지어 자체에 와이어가 있어서 소화도 안되고 건강에도 좋지 않다. 나는 (브래지어를 하지 않는 게) 편안해서 하지 않는 것이고 그게 자연스럽고 예쁘다는 생각을 한다"라는 의견을 솔직하게 내놓았다.

일부 언론은 설리의 사진이나 발언에 구태여 '논란' 딱지를 붙여 자극적이고 선정적인 제목을 달아 기사를 내보냈다. 누리꾼들은 '관심을 받으려고 한다'라며 비난을 쏟아냈다. 이런 반응은 역으로 사회가 여성의 몸을 어떤 관점으로 바라보는지 오히려 적나라하게 드러낸 계기가 되었다.

숨기되 아름답게?

실제로 여성의 가슴은 늘 논쟁의 대상이 되어 왔다. 공개적인 자리에서도 별다른 제재 없이 상의를 탈의할 수 있는 남성과 달리, 여성의 가슴은 언제나 숨기고 가려야 하는 존재인 동시에 '아름답게' 관리해야 하는 모순적인 위치에 놓여 있다.

시민단체 '불꽃페미액션'도 이런 시선에 저항하는 시위로 경종을 울린 바 있다. 이들은 2018년 6월 서울 역삼동 페이스북코리아 사옥 앞에서 상의를 탈의하고 가슴을 드러내는 시위를 했다. 불꽃페미액션이 페이스북에 게재한 월경 페스티벌 행사 사진을 "나체 이미지 또는 성적 행위에 관한 페이스북 규정을 위반했다"라며 페이스북이 삭제 조치한 것을 항의하는 퍼포먼스였다.

실제로 처벌에 이르지는 않았지만, 당시 이 시위를 두고 공연음란죄나 경범죄로 처벌해야 한다는 목소리가 나왔다. 만약 남성이 같은 방식으로 자신의 상체를 드러냈을 때 이를 '음란하다'고 판단하는 이들은 과연 얼마나 될까? 축구 경기에서 골을 넣고 골 세리머니를 하는 선수를 생각해 보면 그들이 유니폼을 벗어던지고 그라운드를 달려갈 때 그 모습을 음란하다며 비난하는 관중은 거의 없다.

탈코르셋 운동이 확산하면서 여성의 가슴에 대한 재해석도 조금씩 일어나고 있다. 외양이 아닌 몸의 기능과 쓰임에 집중해야 한다는 쪽으로 인식이 조금씩 바뀌면서 속옷의 형태와 의미도 함께 재정의하게 된 것이다. 브래지어에서 '와이어'를 뺀 '브라렛(bralette)' 속옷이 여러 브랜드에서 앞다퉈 출시되고, 삼각팬티가 아닌 '드로어즈(drawers, 사각팬티)' 열풍이 불기 시작한 것이 그 예다. 한 발 더 나아가 별도의 속옷을 입는 대신 유두만 가리는 '니플 패치(nipple patch)'를 이용하는 움직임도 생겨났다.

1장. '탈코르셋'을 실천하는 여성들

브래지어의 대안들

익숙한 브래지어 광고들은 대개 그 제품이 가슴을 얼마나 모아주는지, '볼륨감'을 얼마나 살려주는지에 집중이 되어 있다. 타인의 시선으로 봤을 때 아름답게 보이는지 여부가 속옷의 기준점이 돼왔다. 하지만 이런 브래지어는 여성의 건강과는 무관하다.

설리의 말처럼, 철심(와이어)이 박힌 브래지어를 하루 종일 하고 있는 것은 혈액 순환을 방해한다는 연구 결과도 있다. 가슴을 세게 압박하면 땀이 차기도 쉽다. 와이어가 가슴의 모양을 받쳐주기 위해 꼭 필요하다는 데에 의학적인 근거가 있는 것도 아니다. 브래지어는 건강과는 무관하게 단지 우리의 관념에 녹아 있는 '이상적인 가슴 모양'을 위한 도구에 가깝다.

최근에는 여성의 삼각팬티가 통기성이 떨어지는 데다 여성의 Y존을 압박한다는 지적이 나오면서 이를 보완하기 위해 남성용 사각팬티를 직접 사 입거나 '여성 드로어즈'를 직접 제작해 판매하는 흐름도 생겨났다. 이때 드로어즈는 레이스 소재를 사용하거나 불필요한 장식을 더하지 않은, 속옷의 본질적 기능을 최대한 살리는 형태다.

2021년 6월에 크라우드 펀딩 사이트 텀블벅을 살펴보면 여성용 드로어즈나 트렁크 제품 제작 펀딩이 30개 가까이 올라와 있다. 이들은 최대 3천8백만 원에 가까운 금액을 모으기도 했다.

여성용 드로어즈가 인기를 얻자 기성 속옷 브랜드에서도 유사한 디자인의 여성 속옷을 출시하는 경향이 나타났다. 드로어즈와 트렁크 팬티 제품이 인기를 끈 것은 삼각팬티처럼 사타구니 착색을 야기하거나 림프절을 자극하지 않으며 질염, 습진, 착색, 부종 등을 개선할 수 있다는 이유에서다. 드로어즈를 제작해 판매하는 이들은 상품 소개란에서 기존 속옷과는 달리 얼마나 더 '편안하게' 입을 수 있는지를 집중적으로 설명했다.

더 나아가 '성적 대상화' 없는 속옷이란 점을 강조하는 경우도 있다. 흰 피부를 드러내고 카메라를 가만히 응시하는 여성 모델 대신 근육을 드러내며 근력 운동을 하는 여성을 모델로 세우고는, 여성이 움직이거나 땀을 흘릴 때도 편안하고, 질염 등을 유발하지 않는 원단을 사용했다는 점을 내세우는 식이다. 성적으로 대상화된 존재로서 여성의 몸을 인식하는 것이 아니라 몸의 기능과 쓰임, 즉 몸의 본질에 오롯이 집중하는 형태다.

물론 '노브라'에 대한 사회적 편견은 여전히 존재한다. 네이버, 다음 등 포털에서 노브라를 검색하면 '청소년에게 노출하기 부적합한 검색 결과를 포함하고 있습니다'라는 경고성 문구가 함께 뜬다. 트위터 등 SNS에서는 성인 광고물이 나오기도 한다.

실제로 노브라를 실천하는 여성들은 기존 속옷 대신 노브라를 선택했을 때 자신의 몸이 얼마나 편안했는지 털어놓으면서도, 동시에 자신의 몸을 '이상하게' 바라보는 타인의 시선 때문에 불편한 경험을 했다고 함께 고백하곤 한다.

나의 몸이 불편하다면 언제든 이를 선택하지 않을 수 있는 자유, 여성 속옷을 둘러싼 수많은 논쟁은 여성에게 이런 자유가 제대로 허락된 적이 없다는 것을 보여주었다. 설리가 던진 노브라의 화두는 수많은 여성에게 영향을 미쳤고, 사회적 편견에 저항하는 여성들의 움직임은 지금도 진행 중이다.

6
'젠더리스' 유니폼의 등장

 2013년 7월 발생한 아시아나항공 OZ214편 추락 사고 당시 한 승객이 찍은 사진 한 장이 화제가 된 적이 있다. 승객을 부축하거나 부상자들을 들쳐 업어 모두 대피시킨 뒤 활주로 인근에서 지친 얼굴로 서 있는 여성 승무원들 모습이 담긴 사진이다.

 이 사진은 여성 승무원들의 헌신을 담아낸 사진으로 주목을 받았지만, 동시에 여성 승무원들이 맨발에, 몸에 딱 달라붙는 치마를 입고 있어 사람들에게 의문점을 남겼다. '비상 상황에서 자기 덩치보다 큰 승객을 옮겨야 하는 승무원들이 과연 치마 정장을 입고 구두를 신는 것이 맞는가?'라는 점이다.

 이런 문제의식은 항공사 승무원들 스스로 품고 있는 것이

　　　　　　　　1장. '탈코르셋'을 실천하는 여성들

기도 하다. 전국민주노동조합총연맹 여성위원회는 아시아나 항공 노조와 함께 2012년 아시아나항공의 성차별적인 외모 규정을 시정해달라고 국가인권위원회에 진정을 제기했다. 인권위는 이듬해(2013년) 바지 유니폼을 허용하라고 권고했다.

다만 인권위의 당시 권고는 여성 승무원에 대한 '화장법, 머리 모양, 안경 착용 금지' 등 상세한 꾸밈 규정 자체를 수정하라고 하지 않고 바지 유니폼만 소극적으로 허용했다는 점에서 한계도 존재했다.

승무원, 안경을 쓰다

승무원의 복장과 용모 규정은 항공사가 승무원의 역할보다 외양에 초점을 맞춘다는 것, 여성 서비스직을 대상화해 바라본다는 것을 보여주는 대표적인 사례다. 이런 승무원의 세계에 최근 변화의 바람이 불었다.

제주항공은 2018년 4월부터 객실 승무원의 안경 착용을 허용했다. 그동안 암묵적으로 콘택트렌즈를 껴야 했던 관행을 바꾼 것이다. 진에어는 2019년 7월부터 객실 승무원의 유니폼을 꽉 끼는 스키니진 대신 신축성이 있어 편한 바지나 치마로 변경했다.

아예 획기적인 변화를 선언한 곳도 있다. 청주국제공항을 기반으로 2020년 8월 첫 운항을 시작한 신생 저비용 항공사(LCC) 에어로케이항공은 여성과 남성 승무원의 유니폼을 동일하게 디자인해 주목을 받았다.

에어로케이항공의 여성 승무원 유니폼은 남성과 동일한 바지 정장이며, 구두 대신 운동화를 착용한다. 셔츠와 재킷 대신 면 소재의 라운드 티셔츠를 선택해 입을 수도 있다.[17] 비상 탈출은 물론이고 평상시 기내 서비스를 제공할 때도 용이하도록 편의성을 고려한 것이다. 이러한 변화는 승무원의 역할이 승객에게 단순히 아름다운 미소를 짓는 것뿐만이 아니란 점을 인식하게 한다.

21년 만에 바뀐 포순이

유니폼을 둘러싼 통념이 조금씩 달라지면서 경찰청 마스코트에도 변화가 있었다. 경찰청은 2020년 7월 여성 경찰관을 상징하는 캐릭터인 '포순이'의 긴 속눈썹을 없애고 치마 대신 바지를 입혔다. 포순이 탄생 21년 만의 일이다.[18] 기존 캐릭터가 성별 고정관념과 성차별적인 편견을 부추긴다는 지적이 제기되면서 일어난 변화이다. 이제 포순이는 남성 캐릭터인 '포돌이'와 같은 유니폼을 입게 되었다. 바뀐 유니폼은 실제로 여성 경찰들이 현장에서 근무할 때의 모습을 더 현실적으로 반영한 모습이기도 하다.

캐릭터의 변화 정도는 큰 의미가 없는 일이라고 생각할 수 있다. 하지만 여성 경찰이란 이유만으로 온라인에서 각종 혐오 발언의 대상이 된 사례를 돌이켜보면 그 상징적 의미는 작지 않다.

유튜브나 온라인 커뮤니티 등에서는 여전히 여성 경찰 무용론이나 비판 여론이 심심치 않게 등장한다.

일례로, 2019년 5월 서울시 구로구 구로동에서 여성 경찰관 두 명이 취객 두 명을 체포하는 상황을 담은 15초짜리 영상이 공개된 뒤 이른바 '대림동 여경 논란'이 번져나갔다. 해당 경찰관이 취객에 밀리거나 주위에 도움을 요청한 장면을 두고 '여경 무용론'을 주장하는 사람들이 나타난 것이다.

유튜버들은 정확한 사실 확인조차 거치지 않고 이 영상 속 여성 경찰을 비난하는 영상을 만들어 올렸는데, 당시 민주언론시민연합이 5월 17일부터 23일까지 '대림동 여경' 키워드로 검색한 영상 50건의 조회 수를 종합한 결과 무려 총 270만 회가 넘었다고 한다.

하지만 그 후 전문가들은 전체 체포 영상을 확인한 뒤, 여성 경찰들의 대처가 대체로 문제가 없다는 의견을 내놓았다. 최초 유포 영상은 전체 체포 과정의 일부만 담아냈을 뿐이었다. 전체 영상을 보면 해당 여성 경찰이 주취자를 무릎으로 누르면서 제압하는 장면이 나온다. 구로경찰서는 "여성 경찰관의 대응이 소극적이었다고 볼 수 없다"라고 했으며 민갑룡 당시 경찰청장도 나서서 "영상 속 남경과 여경 모두 나무랄 데 없이 적절한 조치를 했다"라고 밝혔다.[19]

그동안 여성 경찰관의 이미지를 경찰이 어떻게 소비하고 활용해왔는지도 함께 짚어봐야 한다.

2013년 7월 경북지방경찰청은 신임 여성 경찰들이 걸그룹 크레용팝의 노래 「빠빠빠」에 맞춰 헬멧을 쓰고 춤을 추는 영상을 공개했다. 이어 2014년 11월에는 대전지방경찰청 소속 여성 경찰이 '4대 사회악' 근절 메시지를 전달하기 위해 지하철과 놀이동산에서 춤을 추는 영상이, 2015년 4월에는 경북지방경찰청 소속 여성 경찰이 보이스 피싱 예방을 홍보하기 위해 웨이브 댄스를 선보인 영상이 공개되었다.

경찰 스스로 여성 경찰의 존재를 '홍보용'으로 부각하고, 이를 적극적으로 활용해온 셈이다. 이 과정에서 여성 경찰들은 경찰 업무의 본질과 전혀 관계없는 지시를 별도로 수행해야 했다. 여성을 성애화된 대상으로 바라보는 사회적 편견이 직장 안에서 업무 지시를 할 때에도 고스란히 반영되는 것이다.

이런 전례에 비춰볼 때 포순이의 변화는 단순히 마스코트의 변화를 넘어서, 여성 경찰의 역할과 본질에 대한 사고방식을 바꾸는 계기가 될 수 있다.

실제로 여성 경찰이 치마를 입고 범인을 잡지는 않는다. 경찰 시험을 볼 때 '여성성'이 평가 기준에 포함되는 것도 아니다. 그런데도 유독 여성 경찰을 대표하는 캐릭터에서 '여성'임을 부각하는 일은 부자연스럽다. 오히려 '경찰'로서의 역할을 지워 버리고 '여성 경찰'에 대한 편견을 강화하는 일이 될 수 있다. 늦게나마 포순이의 변화가 반가운 이유다.

7
슬림한 치마 교복에
'틴트 주머니'라고요?

승무원 유니폼과 유사한 논란이 발생한 또 다른 옷이 있다. 바로 교복이다.

2017년께 한 교복브랜드에서 나온 여학생의 교복 재킷에는 '틴트 주머니'가 달려 있었다. 이는 당시 함께 출시된 남학생의 교복 재킷에 '핫팩 주머니'가 있던 것과 대조된다는 지적이 나왔다. 체온 유지는 건강을 위해 필수적인 요소지만, 틴트를 바르는 일은 건강과는 딱히 관계가 없을뿐더러 필수적인 일도 아니다. 더 나아가 여학생으로 하여금 틴트와 같은 화장품의 사용을 당연시하는 효과도 낳는다.

이 교복 브랜드는 또 여성 교복이 '슬림 라인 재킷'과 '슬림 라인 스커트'로 이루어져 있음을 강조했다. 재킷은 허리둘

레가 좁아지게 만들어 허리 라인을 강조했고, 스커트 역시 밑단을 좁게 만들어 '완벽한 비율로 변신할 수 있다'는 점을 내세웠다. 교복 광고에서는 "틴트 주머니로 언제 어디서나 입술 분실 걱정 노 노!", "남심 저격 튤립 라인. 허리와 힙 라인을 자연스럽게 잡아줘 돋보이는 여성스러움"이라는 홍보 문구를 사용했다.

교복업체 광고 논란은 매년 반복되어왔는데 앞서 2016년에는 또 다른 교복 브랜드가 "재킷으로 조여라! 코르셋 재킷, 스커트로 깎아라! 쉐딩 스커트"란 카피를 내세워 홍보해 논란이 되기도 했다.[20]

'다이어트 강박'에 걸리는 학생들

이런 카피와 광고가 문제가 되는 것은 한창 성장기인 미성년자에게 '날씬한 몸'을 유일한 기준으로 삼도록 만들 뿐 아니라 이러한 몸을 갖추는 것이 '마땅히 필요하다'고 스스로 내재화하게 만들기 때문이다. '슬림'한 교복을 입기 위해, '완벽한 비율'에 맞추기 위해, 여성은 성장기인 10대부터 다이어트에 강박관념을 갖게 된다.

이러한 통념은 실제 연구 결과[21]로도 나타난다. 저체중이거나 보통 체중인 국내 여자 중고등학생 2만 1,685명의 체형 왜곡 인식 정도를 살펴본 결과 전체의 39.5%가 자신의 체형을 실제와 다르게 인식했다. 주관적으로 자신이 '살이 쪘다'라고 인지한 것이다. '체형 인식 왜곡'이 있는 중·고등학생의 53.9%는 '체중을 줄이기 위해 노력한다'라고 답했고, 심지어 자신의 체형을 정상적으로 인식하는 집단에서조차 36.9%가 체중 감량을 위해 노력한다고 응답했다.

연구진은 체형을 왜곡해 인식할 경우 식생활 습관도 대체로 건강하지 않았다는 분석 결과를 내놓았다. 사회와 미디어가 강요하는 미적 기준인 '마른 몸매'를 충족하기 위해 청소년들은 부적절한 식이요법을 하게 되고, 이는 곧 영양 불균형과 생식 기능 장애로 이어진다.

한국 사회가 교복을 소비하는 방식

다행히 최근에는 교복의 다양화를 위한 움직임도 일어나고 있다. 국민권익위원회는 2020년 8월 교복 신청양식에 여학생 하의 품목을 '스커트/바지'로 명시해 여학생도 바지 교복으로 선택할 수 있도록 전국 17개 시·도 교육청에 제도 개선을 권고했다.

이는 한 학생이 2020년 1월 국민신문고에 "남학생 교복은 바지, 여학생은 치마로 규정해 단순한 선택도 할 수 없게 하는 것은 학생 인권에 대한 심각한 침해"라며 문제를 제기한 결과다. 그 학생은 학교로부터 여학생 교복은 '치마'를 기본으로 하고 있어, 바지 교복을 원하면 돈을 더 내고 추가 구매를 하라는 답변을 받았다고 했다.

현재 국공립 중고등학교는 2015년부터 학생이 개인별로 교복을 구매하는 대신 학교가 주관해 구매하는 방식을 채택하고 있는데, 5개 시도에서는 여학생 교복 신청 양식에 치마만 선택하도록 되어 있다. 국민권익위원회의 권고 두 달 뒤, 교육부는 2021년 1분기 안에 학교 주관 교복 구매 시 여학생도 바지 선택 항목을 추가하도록 시도 교육청별 교복 구매 요령을 개정하기로 했다.

혹자는 교복이라도 '예쁘게 입고 싶은' 욕망이 무엇이 잘못됐냐고 반박할지도 모르겠다. 하지만 사회가 교복, 더 나아가 '교복 입은 여성'을 어떤 이미지로 소비하는지 그 맥락을 함께 생각해볼 필요도 있다.

미디어는 교복을 입은 소녀의 모습을 10대 청소년이 아닌, 남성의 성적 욕망을 투사하는 존재로 종종 재현한다. 교복은 성인 여성도 '어린 소녀'로 치환함으로써 순응적이고 수동적인 여성의 이미지를 강조할 때 쓰이는 일종의 장치로 기능하기 때문이다.

실제로 여러 걸그룹이 연령과 무관하게 무대 의상으로 교복을 자주 택하는 것은 성인 남성의 '롤리타 신드롬(lolita syndrome, 남성이 어리고 미성숙한 소녀에게 성적으로 매력을 느끼는 것)'을 반영한다는 분석[22]도 있다. 걸그룹 멤버들이 모두 성인일지라도 이들이 교복을 입으면, 자신과 대등한 위치에 있는 여성이 아닌, 자신보다 어리고 귀여운 소녀로 인식되게 만드는 효과가 있기 때문이다. 교복이 연령의 차이를 인위적으로 만들어내어 일반적인 성인 여성보다 자신의 요구를 잘 수용하고 따를 것 같은 수동적인 이미지를 함께 형성하는 것이다.

많은 걸그룹이 이처럼 '남성에게 순응하는 무해한 이미지'를 통해 남성 팬덤을 공략한다. 2007년부터 2016년까지 멜론 연간 차트에 포함된 걸그룹 중, 교복 이미지를 차용한 걸그룹은 총 16개 그룹이며, 사용된 곡은 총 20곡[23]이었다. 이들은 교복이 연상되는 디자인의 짧은 치마 등을 입어 의도적으로 신체를 노출함으로써 섹슈얼리티를 표출하기도 한다. 교복이 소녀의 '순수성'을 강조하는 동시에 성적인 효과를 더 극대화하는 장치로 이중효과를 내는 셈이다.

물론 보이그룹도 교복 의상을 입는 경우가 있지만, 이런 의상이 특정 부위의 노출을 통해 남성성을 극대화하거나 성애화하는 이미지로 소비되도록 만들지는 않는다. 오히려 실제 교복과 꽤 비슷한 형태다. 같은 교복 의상을 입어도 여성과 남성의 차이가 나타나는 지점이다.

이런 맥락을 고려할 때 여성의 '라인'을 강조하는 교복은 천편일률적으로 '마른 몸'을 부추기는 것뿐만 아니라, '교복 입은 여학생'을 성애화된 대상으로 소비하는 현상을 심화하는 효과도 낳는다. 학생이 가장 자주, 오래 입는 생활복으로서 지닌 기능보다 외적인 아름다움만 강조하는 교복 광고가 불편한 이유이다.

8

플러스, 내추럴 사이즈 모델이 던진 메시지

'#개말라' 또는 '#뼈말라'라는 신조어가 2019년부터 SNS를 중심으로 확산하고 있다. 이는 뼈가 보일 정도로 마른 상태를 나타낸 단어다. 거식증이나 식이장애를 동경하고 지지하는 일명 '프로아나(pro-ana)'족들이 함께 올리는 해시태그이기도 하다.

프로아나는 찬성을 뜻하는 '프로(pro)'와 거식증을 뜻하는 '아노렉시아(anorexia)'가 합쳐진 용어다. 프로아나족은 정상 체중 범위를 훨씬 벗어날 정도로 마른 몸을 추구한다. 이들은 주로 무작정 굶기, 먹고 토하기, 씹고 뱉기, 변비약 남용 등의 극단적인 방법으로 체중을 감량한다. 거식증이 병이라는 사실을 인지하고 있음에도 이런 식습관을 유지한다.

이미 마른 연예인이 '더 마른' 몸매가 된 것에 열광하는 사회에서 자신의 신체를 있는 그대로 받아들이라는 주문은 어쩌면 환영에 가까운지도 모른다.

'마른 몸'에 대한 강박은 특히 젊은 여성에게 집중적으로 나타난다. 남인순 더불어민주당 의원이 국민건강보험공단으로부터 제출받은 자료를 보면, 최근 5년간(2015~2019년) 국내 거식증 환자 8,417명 중 10대 여성 청소년이 14.4%(1,208명)로 가장 많았고, 20대 여성도 11.4%(957명)로 적지 않았다.[24]

모델은 말라야 한다는 편견

그나마 다행스러운 것은 천편일률적인 '마른 몸'이 아니라 다양한 몸의 형태를 있는 그대로 인정하는 변화의 움직임이 조금씩 불고 있다는 점이다. 플러스 사이즈 모델 김지양 씨의 등장이 그 시작이다.

김 씨는 2010년 미국 최대 플러스 사이즈 패션쇼인 '풀 피겨드 패션 위크(Full Figured Fashion Week)'에서 한국인으로서는 처음 모델로 데뷔했다. 2011년에는 패션 브랜드 '아메리칸 어패럴'이 개최한 플러스 사이즈 모델 콘테스트인 '아메리칸 어패럴 넥스트 빅 씽(American Apparel Next Big Thing)'에 참가해 온라인 투표 부문에서 전체 991명 중 8위에 올랐다. 김 씨는 독립 패션 잡지 『육육일공공(66100)』을 만들고 동명의 패션 브랜드도 운영하고 있다.

김 씨의 등장은 '모델은 반드시 말라야 한다'는 편견을 산산조각 냈다. 동시에 한국 사회에서 '뚱뚱한 여성'의 존재가 어떻게 각인되고 소비되는지도 적나라하게 드러냈다. 그는 미국에서 모델로 데뷔하고 자신만의 브랜드를 운영하는 등 성과를 냈음에도 불구하고 '플러스 사이즈 모델'이란 이유로 악성 댓글에 시달리거나 여느 일반적인 모델에 견줘 제대로 주목받지 못하는 현실을 여러 언론 인터뷰 등을 통해 가감 없이 고백한다. 그의 경험은 한국에서 '표준 몸무게 범위를 벗어난' 여성이 한 명의 인간으로서 삶을 엮어가는 과정에서 어떤 어려움을 겪는지 보여준다.

그동안 많은 여성은 몸에 맞는 옷을 고르기보다 옷에 몸을 '구겨 넣어' 맞추는 데 더 익숙했다. '평생 다이어트'는 자연스럽고 당연한 의무에 가까웠다. 문제는 행위의 주체가 '몸'이 아닌 '옷'이 되고, 자신의 몸은 수용해야 할 대상이 아닌 끊임

없이 부정해야 하는 존재가 된다는 점이다.

하지만 김 씨는 사이즈와 무관하게 모든 여성은 자신이 좋아하는 색깔과 디자인의 옷을 입을 권리가 있다는 점을 각인시켰다. 마르지 않은 몸이라도 그 자체로 충분히 아름다울 수 있으며, 있는 그대로 존중받을 가치가 있다는 점을 공론장으로 끌고 나온 것이다.

외모에 대해 말하지 않는 일주일

최근에는 아주 마르지도, 아주 뚱뚱하지도 않은 '내추럴 사이즈 모델'도 등장했다. '내추럴 사이즈'는 한국식 옷 사이즈를 기준으로 할 때 66 또는 77 사이즈에 해당한다.

박이슬 씨는 '치도'란 이름으로 국내 1호 내추럴 사이즈 모델이자 패션 유튜버로 활동하고 있다. 그는 165cm의 키, 62kg이란 몸무게를 자신의 유튜브 채널에서 밝히고 자신만의 코디법을 공유한다. 그의 영상에는 "자연스럽고 아름답다", "항상 비현실적으로 마른 모델 사진만 보고 옷 구매를 하려면 바지 핏이 예상이 안 됐는데 참고를 많이 하고 있다", "드디어 저랑 체형이 비슷한 분을 봐서 좋다. 다른 모델들은 너무 말라서 감이 안 온다"라는 댓글이 달린다.

박이슬 씨도 한때는 '전형적인' 모델을 꿈꿨다고 한다. 지독하게 다이어트를 하면서 초절식과 폭식의 악순환을 거쳤고, 생리 멈춤, 탈모, 무기력증, 대인기피증, 우울증도 겪었다.

박 씨는 20년간 자신의 몸을 싫어하고 혐오했다고 털어놨다.[25] 다이어트를 그만두고 자신의 몸을 있는 그대로 마주하고 이해하는 시간을 오랜 기간 가진 뒤에야 자신을 사랑하는 방법을 익혔다. 2018년 11월 한 외국계 회사가 주최한 공모전에 합격한 그는 제1회 사이즈 차별 없는 패션쇼 '내일 입을 옷'을 기획했고, 그 뒤 모델 활동에 본격적으로 들어서게 된다.

이처럼 여성의 몸은 결코 균질적이지 않음에도 불구하고 오랜 기간 동안 '44 사이즈'가 사실상 유일한 기준으로 통용되어왔다. 기준이 하나뿐인 사회에서는 그 기준을 충족하지 못하는 여성의 몸이 탈락된다. 비난과 낙인의 대상도 된다. 김지양 씨와 '치도' 박이슬 씨의 등장은 이러한 획일적 기준이 '당연하지도, 옳지도 않다'는 사실을 드러내며 사회에 작은 균열을 만들어냈다.

몸의 다양성을 있는 그대로 받아들이는 일에서 한 발 더 나아가 칭찬이든 나무람이든, 습관적으로 외모를 평가하는 일을 아예 지양해보는 건 어떨까?

실제로 2015~2016년 한국여성민우회는 '외모에 대해 말하지 않는 1주일 살아보기' 캠페인을 한 적이 있다. 외모에 대해 칭찬하는 것조차 자신의 외모가 타인에게 어떻게 보이는지 신경 쓰게 만들기 때문에 부정적인 영향을 줄 수 있다는 문제의식에서다.

이처럼 자신의 외모가 타인으로부터 부정적 평가를 받을 수 있다는 '외모 불안감'은 '나이가 젊을수록', '외모로 인해 부당한 대우를 받은 경험이 있을수록', '인생에서 외모가 중요하다고 인식할수록', '한국은 외모로 사람을 판단하는 사회라고 느낄수록' 높은 것으로 나타났다.[26] 사회적인 요소가 불안감에 영향을 미치는 것이다.

'외모에 신경을 쓰게 되는' 비율은 남성보다 여성이 대체로 높다는 조사도 있다. 한국갤럽이 2020년 실시한 '외모와 성형수술에 관한 인식' 조사 결과를 보면, '우리 인생에서 외모가 매우 중요하다'는 응답도 여성(24%)이 남성(15%)보다 높고, '외모에 신경 쓴다'는 답변도 여성(71%)이 남성(49%)보다 높았다. 그만큼 여성에게 외모 기준이 엄격하게 적용되고 있고, 여성이 남성보다 외모에 대한 강박관념을 갖기 쉬운 사회

임을 보여주는 단면이다.

'외모에 대해 말하지 않기'는 이러한 강박에서 벗어날 수 있게 만드는 첫걸음으로 탈코르셋 운동과도 밀접한 관련이 있다. 누구도 타인의 평가 대상이 될 의무도, 이유도 없다는 것, 인간으로서 존재하는 것 그 자체로 존중받을 권리가 있다는 것, 탈코르셋 운동의 출발은 바로 여기에 있기 때문이다.

9
단발부터
'쿠투' 운동까지

탈코르셋 운동이 '어느 날 갑자기' 튀어나온 것은 아니다. 50여 년 전 미국에서도 이와 비슷한 운동이 나타났다. 바로 급진주의 페미니스트 그룹 '뉴욕의 급진 여성들(New York Radical Women)'을 중심으로 시작된 이른바 '제2세대 페미니즘 운동'이다. 이 운동은 직장, 가정 등에서도 여성의 권리를 자각하고 사회의 규범적 여성성에서 해방될 것을 주장했다.

1968년 9월 7일, '뉴욕의 급진 여성들' 주도로 모인 여성 400여 명은 미국 애틀랜틱시티에서 열린 '미스 아메리카' 대회장 앞에 서서 '자유의 쓰레기통(Freedom Trash Can)'이라고 적힌 통에 코르셋, 하이힐, 브래지어, 화장품, 잡지 『플레이

보이』 등을 버려 주목을 받았다. 이들은 이 물건들이 '강요된 여성성의 상징'이자 '여성 고문의 도구'라고 주장했다.[27] 탈코르셋 운동에 참여하는 방법으로 화장품을 깨부수고, 이를 인증한 한국의 여성들이 떠오르는 장면이다.

젊은 기생 강향란의 단발머리

우리 역사에서도 비슷한 사례를 찾을 수 있다. 한국에서는 근대 신여성의 '단발'이 탈코르셋 운동의 원형으로 꼽히기도 한다.

1922년 젊은 기생 강향란이 머리를 단발로 자르고 남자 양복까지 갖춰 입어 『동아일보』에 기사가 실린 일이 있다. 강향란은 미래를 약속했던 남자의 변심 이후 절망해 자살을 결심하는데, 한강철교에서 뛰어내리려는 순간 극적으로 구조되었다. 이후 그는 "남자에 의지하고 동정을 구하는 것부터 글렀다. 나도 사람이다. 남자와 똑같이 당당하게 살아야겠다"라며 '주체적인 삶'을 결심하고 살아간다.[28] 이 역시 최근 탈코르셋 운동에 적극 참여하는 젊은 여성들이 연상되는 지점이다.

1920년대 단발 운동을 주도한 이는 또 있다. 사회주의 여성 해방 운동가이자 독립운동가인 허정숙이다. 그는 주세죽, 고명자와 함께 '조선 공산당 여성 트로이카'로 불리며 『동아일보』 최초의 여성 기자, 잡지 『신여성』의 편집장을 지냈다.

허정숙은 자신의 글 「나의 단발과 단발 전후」에서 여성의 아름다움에 대해 "이것은 부자연스러운 가운데서 여성의 인권을 유린하는, 여성의 순수한 미의 가치가 아닌 인간을 모욕하는 일종의 노예적 정신 아래에서 일개 희롱물의 값어치밖에 갖지 못하는 그런 미였습니다"라고 비판했다.[29] 여성의 아름다움에 어떤 '코르셋'이 씌워지는지 정확하게 꿰뚫으며, 이를 근거로 여성의 아름다움이 곧 여성을 '상품'이자 '비인간' 대우를 받게 만든다고 일갈한 것이다.

구두를 신지 않을 권리, '쿠투' 운동

현대에 와서 다시 등장한 탈코르셋 운동은 해외에서도 확산 중이다. 2019년 일본에서 "하이힐을 신지 않을 권리를 달라"라며 일어난 '쿠투(#KuToo)' 운동이 그중 하나다.

쿠투 운동은 구두를 뜻하는 일본어 '구쓰(靴)' 또는 고통을 뜻하는 '구쓰우(苦痛)'를 '미투(#MeToo)' 운동과 합쳐 만든 신조어로, 여성이 일터에서 하이힐을 착용할 것을 강요받고 이를 어길 경우 불이익을 받는 일에 문제를 제기한 운동이다. 이 운동은 배우 겸 프리랜서 작가 이시카와 유미 씨가 2019년 1월 트위터에 과거 자신이 호텔에서 아르바이트를 할 때 하이힐 착용을 강요받은 경험을 털어놓은 데서 시작했다.

그는 "남자들은 납작한 신발을 신는데 왜 우리는 고통을 참아가며 일해야 하는 것이냐"라며 "언젠가 여성이 일을 하며 하이힐이나 펌프스를 신어야 하는 관습을 없애고 싶다"라고 적었다. 그의 트윗이 화제가 되면서 일본 여성들은 '#KuToo'란 해시태그와 함께 비슷한 경험을 공유하기 시작했다. 하이힐 때문에 피가 나거나 다친 발꿈치 사진을 공유하기도 했다.

'쿠투(#KuToo)' 운동이 본격화한 것은 기업이 여성에게 하이힐 착용을 강제하지 못하도록 하는 청원이 진행되면서다.

같은 해 6월 이시카와 씨는 여성에게 하이힐 착용을 강요하는 것이 '성차별이자 성별에 기반한 괴롭힘 행위'라며, 이를 금지하는 법을 만들어달라고 촉구하는 청원을 일본 후생노동성에 제출했다. 1만 8,856명의 서명과 함께였다. 이어 12월에는 안경 착용 규정을 완화할 것을 요구하며 3만 1천 명 이상의 서명이 담긴 청원서를 후생노동성에 제출했다.

일부 가시적인 성과도 있었다. 2020년 4월부터 일본항공 (JAL)이 여성 승무원의 하이힐 착용 규정을 폐지했다. 애초 3~4센티미터로 정해진 신발 규정을 없애고 아예 굽이 없는 신발도 허용키로 한 것이다.[30]

프랑스 칸 영화제에서도 비슷한 운동이 벌어진 적이 있다. 2015년 칸 영화제에서 토드 헤인즈 감독의 영화 「캐롤」 시사 회가 열렸을 때, 한 여성이 하이힐 대신 플랫슈즈를 신었다는 이유로 입장이 금지됐다. 그러자 이듬해 배우 줄리아 로버츠 는 이 사건에 항의하는 의미로 하이힐을 벗고 맨발로 입장했 으며, 배우 수전 서랜던도 검은색 바지 정장에 굽이 없는 신 발을 신고 등장했다. 2018년에는 배우 크리스틴 스튜어트가 하이힐을 벗고 맨발로 레드카펫을 걸어, 여성에게 엄격한 규 정을 강요한 영화제의 드레스 코드에 저항했다.

하이힐은 기형적인 발 모양을 만들어 무지외반증과 같은 질병을 야기한다. 100여 년 전 허정숙이 지적했던 것처럼 여 전히 여성의 건강은 타인에게 보이는 외형적 가치와 자연스 럽게 등가교환되는 요소로 종종 여겨진다.

남성의 옷차림 가운데 미적인 요소를 극대화하기 위해 건강을 해치는 아이템이 과연 얼마나 되는지 생각해보자. 사회가 여성과 남성을 어떤 존재로 인식하고 있는지 그 간극을 새삼 자각할 수 있을 것이다.

'운동뚱' 김민경의 등장을 반기며

　최근 '운동뚱' 김민경 씨의 등장이 유달리 반갑다. "다이어트해야 된다"라는 말을 주문처럼 외우며 배부르지 않아도 애써 숟가락을 내려놓는 여성들이 많은 현실에서, 누구보다 즐겁게 자신의 양껏 먹는 모습을 보여주기 때문이다. 어디 그뿐이랴. 그는 "살빼기 위해서"가 아닌 "더 잘, 맛있게 먹기 위해서" 운동을 한다고 당당하게 말한다. (심지어 잘한다!) '168센티미터, 48킬로그램', '11자 복근'을 전 사회가 주문처럼 외우고 있는 '몸'에 대한 강박관념을 가뿐하게 제쳐놓고, 필라테스, 헬스, 골프, 축구 등 다양한 종목에서 자신의 능력을 마음껏 펼쳐 보인다.

　무엇보다 그가 출연하는 「시켜서 한다! 오늘부터 운동뚱」 프로그램(코미디TV 유튜브)은 그에게 '비포' 몸무게와 '애프터' 몸무게를 비교하는 걸 요구하지 않고, 특정한 몸매를 목표치로 제시하지 않는다는 점에서 긍정적이다. 그런 모습으로 화제가 된 덕분인지, 김민경 씨는 화장품 모델로 발탁되기도 했다.

　화장품 광고는 대체로 '미(美)의 전형성'을 극대화하는 방식으로 소구된다. 사회가 요구하는 아름다움의 기준이 가장 잘 드러나는 장이기도 하다. 개그 무대에서조차 '뚱뚱한 개그우먼'의 존재를 비하하거나, 멸시하거나, 삭제하는 방식으로 제 역할을 소화해왔던 것을 돌이켜보면, 김민경 씨가 화장품 모델을 맡게 된 현실이 낯설면서도 반가운 마음이 앞선다. 여성 아이돌 가수가 바지 정장을 입은 모습에 환호하고, 영화나 드라마에서 여성이 수동적인 존재로 그려지는 것에 반발하는 것처럼, 김 씨의 화장품 모델 발탁도 '아름다움'의 전형과 '여성'을 둘러싼 고정관념을 깨는 시도가 늘어나는 현실을 반영하기 때문이다. 그 현실을 움직이는 기반에 '탈코르셋' 운동이 존재하고 있음을 부정할 수 없다.

사실 기자로서 젠더 관련 이슈를 취재하면서도 탈코르셋과 관련한 이야기는 거의 다루지 않거나, 다루지 못했다. 미디어가 만들어내는 획일적이고 왜곡된 아름다움의 기준에 반발해왔지만, 스스로 완전히 이 운동에 참여하지 못하고 있다는 일종의 부채감 때문이었다.

종종 화장을 하지 않고도 출퇴근할 정도로 상대적으로 화장에 대한 압박은 덜하지만, 나 역시 '365일 다이어트를 해야 한다'는 강박에서는 자유롭지 않았다. 조금이라도 과식한 날에는 죄책감에 시달렸고, 여성 연예인처럼 '예쁜 몸'을 위한 운동을 열심히 한 경험도 있다. 한편으론 탈코르셋을 실천하는 여성들을 응원하면서도, 마음 한쪽에서는 반드시 머리를 짧게 자르고 치마 대신 바지만 입는 것이 또 다른 차원에서 여성을 제약하는 요소로 작용하는 것 아닐까 하는 의문이 완전히 사라지지 않기도 했다.

'주체적 꾸밈'이란 표현처럼, 자신이 원해서 꾸미는 일이나 TPO(시간, 장소, 상황)에 맞춘 꾸밈마저 모두 사라져야 하는가에 대한 답도 쉬이 내리지 못한 상태였다. 다만 탈코르셋을 실천하는 이들을 한 명씩 만나고 이야기를 나누면서 조금씩 이해하는 범위를 넓혀가고 있다.

탈코르셋이 마치 '남성성을 지향하는 것 같다'는 의문에 이가현(불꽃페미액션) 씨는 "젊은 여성에게 강요되어왔던 모습과 정반대로 활동하니 마치 남성과 닮는 것처럼 보이는 것 같다"라며 "탈코르셋 운동은 사회로부터 강요받은 성 역할을 탈피하자는 건데 그것이 '남성'과 닮아간다는 건, 결국 '자유로운 인간'의 모습이 곧 '남성'의 모습을 떠아왔다는 걸 보여주는 것 아닐까"라는 답변을 건넸다. 탈코르셋 실천을 통해 '사람'이라는 기본값에서 여성이 얼마나 동떨어져 있는 존재인지를 자각할 수 있다는 것이다.

사회가 요구하는 여성성에 저항하는 방식이 꼭 탈코르셋이란 형태를 떠어야 할까라는 궁금증에는 양민영(『운동하는 여자』(호밀밭, 2019)의 저자) 씨로부터 "꾸밈을 거부한 여성이 가시화되면, 꾸밈 노동을 줄이거나 중단할 자신이 없는 여성들에게 용기를 줄 수 있다. 무엇보다 청소년들에게, 모두 화장하고 인형처럼 예쁘지 않아도 된다는 것, 여성이 아름다움만 놓고 경쟁하는 건 아니라는 중요한 메시지를 줄 수 있을 것"이란 답변을 받았다. 무엇보다 여성에게 자신의 몸을 '외양'이 아닌 '기능'의 차원에서 이해하는 일이 얼마나 소중한 경험으로 다가갈 수 있는지를 듣고 나서는, 탈코르셋 운동의 확장성을 한번 더 고민하게 되었다.

대전의 페미니스트 문화 기획자 그룹 '보슈'의 권사랑 대표는 자신이 축구를 한 경험을 털어놓으며 "축구를 한 순간부터는 내 다리가 얼마나 빨리 달릴 수 있는지, 내 폐가 얼마나 오랫동안 호흡할 수 있는지 등을 기준으로 몸을 바라보게 되었다"라고 말했다. 달릴 때 가슴이 어떻게 보일지, 겨드랑이에 제모는 제대로 했는지 등에 신경 쓰지 않고 오롯이 내 몸이 어떻게 기능하는지에 집중한 경험이었다는 설명이다.

외부의 시선으로 내 몸을 바라보는 것이 아니라, '나의 시선'으로 내 몸을 인식하게 되는 과정이다. 동시에 이 시선으로 세상을 바라볼 때, 비로소 우리의 몸도 본연의 제 역할을 할 수 있는 것이다.

나는 머리를 싹둑 자르거나 화장품을 버리는 방식으로 탈코르셋을 할 수 있을까? 100% 자신은 없다. 하지만 조금씩 내 몸을 긍정해가는 연습을 통해 나만의 방식을 찾아가 볼 요량이다. '예쁜 몸'보다 '건강한 몸'을 찾아나서는 것이 곧 여성이자 인간으로서 주체성을 되찾는 일이 될 수 있을 거란 판단에서다.

탈코르셋 운동은 내 몸에 대한 나의 주도권을 되찾아오는 것에서 시작해 좀 더 능동적인 존재로 나아가는 일이다. 동시에 치우쳐진 사회의 기준점을 제자리로 돌려놓는 일이기도 하다. 더 많은 여성이 탈코르셋을 하는 자기 나름의 방법을 찾아 자신의 존재를 주체적으로 자각하는 과정을 겪을 수 있기를 간절히 바란다.

2장

디지털 성범죄의 역사

한고은

디지털 성범죄

2015년	6월	손정우, 다크 웹 '웰컴투비디오' 개설
2016년	4월	국내 최대 음란 사이트 '소라넷' 폐쇄
2017년	9월	정부, 디지털 성범죄 피해 방지 종합 대책 수립
2018년	4월	디지털 성범죄 피해자지원센터 개소
2018년	11월	음란물 불법 유통 통로 웹하드 카르텔 수사 결과 발표 경찰, 정보통신망법 및 성폭력처벌법 위반·상습 폭행·강요 등 혐의로 구속된 양진호 한국미래기술 회장 기소 의견 검찰 송치
2018년	12월	미국 소셜미디어 '텀블러' 음란물 영구 차단(애플, 2018년 11월 아동음란물 방치 이유로 앱스토어에서 텀블러 삭제)
2019년	1월	정부, 불법 음란물 유통 근절을 위한 웹하드 카르텔 방지 대책 수립
2019년	3월	'버닝썬 게이트' 정준영·최종훈, 단체 대화방 불법 촬영물 공유 정황 발견. 성폭력처벌법 등 혐의로 정준영 징역 5년, 최종훈 2년 6개월 확정(2020년 9월)
2019년	10월	한국과 미국 등 32개국 공조 수사로 손정우 운영 웰컴투비디오 사이트 적발 및 이용자 검거 발표. 2018년 3월, 한국에서 손정우 체포
2020년	3월	'n번방' 사건 관련자 검거. 'n번방'·'박사방' 관련 '박사' 조주빈, '부따' 강훈, '이기야' 이원호, '갓갓' 문형욱, 안승진, 남경읍, 배준환 (별도 미성년자 성착취물 제작·배포 사건) 등 7명 신상 공개. 경찰, 디지털 성범죄 특별수사본부 3월 출범 후 9월 3일까지 'n번방' 사건 등 포함 1,549건 적발, 1,993명 검거, 185명 구속
2020년	7월	법원, 손정우 미국 범죄자 인도 불허
2020년	9월	'디지털 교도소' 운영자 베트남에서 검거
2020년	12월	대법원 양형위원회, 디지털 성범죄 양형 기준 확정
2021년	2월	조주빈, 1심에서 총 징역 45년 선고받은 후 항소
2021년	6월	조주빈, 항소심에서 징역 42년 선고받은 후 상고
2021년	6월	남성 1,300여 명 '몸캠' 제작·유포한 김영준 검거 및 신상 공개

1

빨간 마후라
사건과 'n번방'

중학교 시절의 일이다. 어느 날 학원 버스에 탔는데 운전석 옆에 빨간 목도리를 두른 공주 인형이 하나 놓여 있었다. 기사 아저씨 것이 아닌 듯싶어 누가 놓고 간 것이냐고 물었다. 기사 아저씨는 자기 인형이라면서, 빨간 마후라가 뭔지 아냐고 했다. 친구들과 "그게 뭐지?", "공군 뭐 그런 거 아냐?" 하면서 빨간 마후라가 뭐냐고 되물었다. 아저씨는 알 필요 없다고 했다.

나중에 찾아보니 빨간 마후라는 공군 파일럿의 상징이 맞았다. 그러나 그뿐만은 아니었다. 1997년 10대 남학생들이 10대 여성 피해자를 성폭행하고, 그 장면을 가정용 캠코더로 촬영해 청계천 일대에서 음성적으로 판매한 일을 '빨간 마후라 사건'이라고 불렀다. 피해 여학생이 빨간색 목도리를 하고 있었기 때문에 그런 이름이 붙었다. 학원 버스 기사 아저씨가 알 필요 없다고 말한 이유를 뒤늦게 알아차렸다.

빨간 마후라 사건은 국내 디지털 성범죄 역사의 시초로 꼽힌다. 디지털 성범죄는 디지털 기기 등을 매개로 온·오프라인 공간에서 벌어지는 성범죄다. 성폭력처벌법(성폭력 범죄의 처벌 등에 관한 특례법) 제13조(통신 매체를 이용한 음란 행위), 제14조(카메라 등을 이용한 촬영), 아동·청소년의 성 보호에 관한 법률 제11조(아동·청소년 성 착취물 범죄) 등에 따라 처벌받는 범죄 행위를 말한다.

빨간 마후라 사건에서도 가정용 8mm 캠코더라는 디지털 기기가 등장하고, 상대방의 의사에 반해 성적 수치심을 유발할 수 있는 비디오가 제작, 유포, 판매됐다. 이를 2020년에 세상에 드러난 'n번방' 사건에 대입하면 캠코더가 휴대폰 카메라로, 비디오테이프는 디지털 영상 파일로, 청계천은 텔레그램 등으로 그 형태만 달라졌을 뿐이다.

디지털 성범죄는 오프라인에서 벌어지는 성범죄와 마찬가지로 개인의 자유를 침해하고, 피해자에게 심리적·육체적 괴

로움을 유발한다. 하지만 피해가 확산되는 양상에서 구별되는 특징을 보인다.

먼저, 디지털 성범죄는 피해가 영속적으로 발생한다. 디지털 콘텐츠의 특징은 복제와 전송이 쉽다는 것이다. 피해 영상물이 단시간 내에 불특정 다수에게 유포되면서 사생활 침해의 정도가 이루 말할 수 없이 크다. 피해 사실을 인지한 후 삭제 대응에 나선다고 하더라도 피해 범위를 특정하는 것조차 쉽지 않다. 그 결과 유포된(또는 유포되고 있는) 피해 영상물의 완전한 회수가 어렵다. 즉, 마침표가 없는 범죄이다. 실제로 여성가족부가 지원한 피해자 중에는 2년여에 걸쳐 5천 건이 넘는 불법 촬영물 삭제 지원을 받은 경우도 있었다.

디지털 성범죄의 또 다른 특징은 피해 유형이 확장적이라는 것이다. 최신 영상, 이미지 기술을 활용한 합성 유포, 주로 아동과 청소년을 대상으로 하는 온라인 그루밍 등 피해 유형이 다양해지고 있다. 실제로 인공지능 기반의 딥페이크 기술이 디지털 성범죄와 결합되면서 2020년, 허위 영상 제작과 유포에 관한 처벌 규정이 신설되기도 했다.

디지털 성범죄는 진화하고 있다.

2

'몰카'가 아니라
불법 촬영물

'불법 촬영물'이라는 용어가 자리 잡은 건 얼마 안 된 일이다. 2016년 소라넷 폐쇄 사건은 '야동(야한 동영상)'에 대한 우리 사회의 인식이 재정립되는 계기가 되었다.

소라넷은 1999년 '소라의 가이드'라는 이름으로 처음 개설된, 가입 회원만 백만 명이 넘는 국내 최대 음란 사이트였다. 2019년 법원은 소라넷 운영자들에 대한 재판 과정에서 이 사이트에 대해 "대한민국 음란 사이트의 차원을 달리하는 전문적이고 고수익을 창출하는 사이트로서 모든 음란 사이트의 효시와 같다"라고 정의했다.

2015년 소라넷상에서 벌어지는 범죄 행위들이 일반에 알려지면서 소라넷 폐쇄가 공론화되기 시작했다. 단순 음란물 공유를 넘어 헤어진 연인의 신상을 일부러 노출하는 이른바 '리벤지 포르노' 영상이 다수 올라오는가 하면, 술이나 약물에 취한 여성을 상대로 한 '성폭행 모의' 글이 올라오고 실제로 범죄로 이어지는 정황도 여러 차례 포착됐다.

이밖에 워터파크 여성 탈의실을 몰래 촬영해 유포한 워터파크 불법 촬영 사건(2015년), 헌법재판소 연구관 불법 촬영 사건(2016년), 당시 현역 국회의원 아들이었던 판사의 불법 촬영 사건(2017년) 등이 줄줄이 터지면서 여성들은 '언제, 어디서, 어떻게 찍힐지 모른다'는 불안감에 시달렸다. 인터넷 커뮤니티에는 지하철 화장실에 가게 되면 옷가지로 얼굴을 가리고 일을 본다는 여성들의 토로 글이 올라오기도 했다.

정부에서도 문제의 심각성을 인식하고 대응에 나서기 시작했다. 2017년 8월 문재인 대통령은 국무회의 등을 통해 "몰래카메라 범죄에 대한 처벌 강화와 피해자 보호를 위한 특단의 조치가 필요하다", "몰래카메라 범죄에 대한 강력한 법적 대응과 피해 구제에 관한 고강도 대책을 마련해 여성이 가지는 불안감을 완전히 해소할 수 있도록 하라"고 지시했다.

경찰과 여성가족부 등 유관 기관에서도 몰카 범죄 근절을 위한 대책을 마련하기 시작했다. 그 과정에서 몰카라는 용어를 그대로 사용하는 문제에 대해서도 검토했다. 경찰은 몰카라는 용어를 사용하지 않기로 했다. 몰카라는 용어가 범죄의 심각성을 드러내는 데 한계가 있다고 본 것이다.

2017년 9월 정부 합동 '디지털 성범죄(몰래카메라 등) 피해 방지 종합 대책'이 만들어졌다. 정부는 당시 "성폭력처벌법 제14조에 규정한 '카메라 등 이용 촬영 범죄'는 일명 '몰카'로 약칭되고 있는데, 동 용어가 '이벤트나 장난 등 유희적 의미'를 담고 있어 범죄 의식 약화를 가져온다는 지적이 있어 향후 '몰카' 대신 불법성을 드러내고 거부감이 적은 '불법 촬영'이라는 용어를 사용할 계획"이라고 밝혔다. 이후 정부 공식 문서에서 몰래카메라라는 용어가 사라졌다.

3

디지털 성범죄
피해 현황

디지털 성범죄는 얼마나 일어나고 있을까? 대검찰청에 따
르면, 2018년을 기준으로 성폭력 범죄 중 지난 10년간 가
장 급격히 증가한 범죄는 '카메라 등을 이용한 촬영'이었다.
2009년에는 전체 성폭력 범죄의 4.8%가 카메라 등을 이용
한 촬영이었다면, 2015년에는 그 수치가 24.9%까지 늘어났
다. 2018년에는 전체의 19.0%를 차지했다. 스마트폰 등 휴
대용 전자 기기 사용이 보편화되면서 불법 촬영 관련 범죄가
증가했고, 또 피해자들도 적극적으로 신고에 나서면서 집계
된 범죄 건수도 늘어난 것으로 추정된다.

앞서 말했듯, 디지털 성범죄의 가장 큰 특징은 끝이 없다는
것이다. 불법 영상물이 유포된 경우 설령 많은 비용을 들여

삭제한다고 해도 언제, 어디서 다시 유통될지 모른다. 게다가 그 절망의 늪에서 빠져나오지 못해 피해자가 극단적인 선택을 한 경우에는 '유작'이라는 이름을 붙여 또 유포한다고 하니, 그 끔찍함을 말로 표현하기 힘들다.

2018년에는 불법 촬영물을 유통해 부당한 이익을 얻는 웹하드 카르텔 문제가 수면 위로 드러났다. 불법 영상물 촬영자, 업로더, 필터링 및 웹하드 업체가 돈을 쫓아 공생 관계를 형성하고 있었다. 불법 유포된 영상물을 삭제해 준다는 디지털 장의사 업체마저 한통속이었다는 사실이 드러난 것이다.

성폭력 범죄 유형별 발생 건수 (2014~2018년)

단위: 건(%)

연도	강간	강제추행	강간 등	강간 등 살인/치사	강간 등 상해/치상	특수강도강간 등	카메라 등 이용 촬영	성적목적의 장소침입	통신매체이용음란	공중밀집장소추행	계
2009	3,923 (22.6)	6,178 (35.6)	2,706 (15.6)	18 (0.1)	1,544 (8.9)	479 (2.8)	834 (4.8)	–	761 (4.4)	934 (5.4)	1만 7,377
2014	5,092 (16.7)	1만 2,849 (42.2)	624 (2.0)	8 (0.0)	872 (2.9)	123 (0.4)	6,735 (24.1)	470 (1.5)	1,254 (4.1)	1,838 (6.1)	2만 9,863
2015	5,274 (17.0)	1만 3,266 (42.7)	283 (0.9)	6 (0.0)	849 (2.7)	72 (0.2)	7,730 (24.9)	543 (1.7)	1,139 (3.7)	1,901 (6.1)	3만 1,063

2016	5,412 (18.4)	1만 4,339 (48.8)	192 (0.7)	8 (0.0)	736 (2.5)	56 (0.2)	5,249 (17.9)	477 (1.6)	1,115 (3.8)	1,773 (6.0)	2만 9,357
2017	5,555 (16.9)	1만 5,981 (48.7)	144 (0.4)	7 (0.0)	716 (2.2)	34 (0.1)	6,615 (20.2)	422 (1.3)	1,265 (3.9)	2,085 (6.4)	3만 2,824
2018	5,829 (18.1)	1만 5,672 (48.8)	182 (0.6)	8 (0.0)	655 (2.0)	43 (0.1)	6,085 (19.0)	646 (2.0)	1,378 (4.3)	1,609 (5.0)	3만 2,104

＊출처: 대검찰청 2019 범죄 분석

　정부는 2018년 4월 디지털 성범죄 피해자지원센터(이하 지원센터)를 설치하고 불법 촬영물 유포 피해자들에 대한 영상물 삭제 및 수사, 법률 지원을 시작했다. 지원센터는 2018년(4~12월)에는 2만 8,879건, 2019년에는 9만 5,083건, 2020년에는 15만 8,760건의 불법 영상을 지웠다.

　피해자 중에서는 2018년과 2019년, 2년에 걸쳐 불법 영상 삭제 지원을 받은 경우도 있었다. 지원센터 개소 직후 피해 사실을 접수해 2019년 11월까지 5,277건의 삭제 지원을 받은 것이다. 한번 발생한 불법 촬영물의 피해가 끝이 없다는 사실을 보여주는 단적인 예이다.

　특히 불법 촬영 피해는 유포 협박이나 유포 피해로 이어지면서, 피해자들은 여러 유형의 피해에 시달려야 했다. 불법 촬영물과 피해자를 식별할 수 있는 이름, 소속, 나이 등 개인 정보가 유출된 경우도 많았다.

2020년 지원센터가 도운 피해자의 81.4%(4,047명)는 여성이었다. 남성 피해자 비율은 18.6%(926명)로 전년에 비해 4.6%p 늘었다. 분명한 사실은 남성도 불법 촬영 범죄의 피해자라는 것이다. 연령별로는 10대가 24.2%(1,204명)로 가장 많았고, 20대가 21.2%(1,052명)로 뒤를 이었다.

2020년 디지털 성범죄 피해자지원센터 운영 실적

(단위: 명, 건)

연도	피해자 (명)	지원 건수(건)				
		합계	상담 지원	삭제 지원	수사·법률 지원 연계	의료 지원 연계
2019	2,087	10만 1,378	5,735	9만 5,083	500	60
		(100.0%)	(5.7%)	(93.8%)	(0.5%)	(0.1%)
2020	4,973	17만 0,697	1만 1,452	15만 8,760	445	40
		(100.0%)	(6.7%)	(93.0%)	(0.3%)	(0.02%)

*출처: 여성가족부

불법 촬영물 유포자의 책임을 경제적으로 묻는 방법도 도입됐다. 정부는 불법 촬영물에 대한 국가의 삭제 지원 근거를 만들면서, 구상권 청구 규정도 마련했다. 정부가 불법 촬영물 피해자에 대한 삭제 지원 비용을 먼저 부담한 뒤 가해자에게 사후적으로 받아내겠다는 것이다.

　이 구상권 청구 규정은 2018년 9월부터 시행에 들어갔지만, 실제로 구상권을 청구한 사례는 없다. 구상권을 청구할 때 필요한 가해자의 개인 정보(주민등록번호, 범죄 경력 등)를 관계 기관으로부터 받을 근거가 없기 때문이다. 일종의 '입법 미비'였다. 정부와 국회는 2019년 10월 뒤늦게 입법 보완에 나섰지만, 20대 국회 임기가 만료되면서 법안은 폐기되고 말았다.

　구상권 청구에 대한 논의가 조금 더 필요하다는 의견도 제시되었다. 구상권 청구를 계기로 재유포 협박을 당하는 2차 피해가 발생할 수 있다는 현장의 우려가 제기되었다. 법이 당초 의도했던, 디지털 장의사를 통한 불법 촬영물 삭제 비용 부담이 정부의 지원으로 많이 경감되었다는 의견도 있었다. 현재는 추가적인 논의를 위해 구상권 청구 관련 조치가 보류된 상태이다.[1]

271만 5,626명과
26만 명

청와대 국민청원 게시판을 보면 국민들이 어떤 사회적 이슈에 주목하고, 또 얼마나 궁금해하고 있는지 알 수 있다.

2017년 8월에 개설된 이 게시판에는 2020년 7월까지 약 88만 건의 청원이 등록되었다. 2020년 10월을 기준으로, 20만 명 이상의 동의를 얻어 정부가 직접 답변을 완료한 청원은 총 196건이었다.

이 중 동의 수가 가장 많았던 청원의 제목은 '텔레그램 n번방 용의자 신상 공개 및 포토라인 세워주세요'였다. 2020년 3월 'n번방' 사건이 세상에 대대적으로 알려지면서, 총 271만 5,626명이 해당 청원에 동의했다. 이 숫자에서 '더 이상 이렇게는 안 된다'고 외치는 국민들의 목소리를 읽을 수 있다.

디지털 성범죄에 대한 국민들의 분노는 새삼스러운 것이 아니었다. 답변이 달린 청원 196건 전체를 훑어보니 최소 17건이 다크 웹(웰컴투비디오) 사건, 전 여친 몰카 사건, 웹하드 카르텔, 불법 누드 촬영 등 디지털 성범죄와 그 처벌에 관한 청원이었다.

디지털 성범죄 및 처벌에 관한 국민청원 주요 답변 사례
(2017년 8월~2020년 10월)

- 청원 답변 28호
  위장·몰래카메라 판매금지와 몰카 범죄 처벌을 강화해주세요.

- 청원 답변 50호
  웹하드 카르텔과 디지털 성범죄 산업에 대해 특별 수사를 요구한다.

- 청원 답변 128호, 168호
  아동 포르노 사이트를 운영한 손 모 씨와 사이트 이용자들의 합당한 처벌을 원합니다.(128호)
  유·아동 성 착취 동영상 유통시킨 다크웹 손 모 씨의 미국 법무부 강제 송환을 실행해주십시오.(168호)

- 청원 답변 136호
  가해자 중심적인 성범죄의 양형 기준을 재정비해주세요.

- 청원 답변 143~147호
  텔레그램 아동·청소년 성노예 사건 철저한 수사 및 처벌 촉구합니다.(143호)
  n번방 대화 참여자들도 명단을 공개하고 처벌해주십시오.(144호)
  가해자 n번방 박사, n번방 회원 모두 처벌해주세요.(145호)
  텔레그램 n번방 가입자 전원의 신상 공개를 원합니다.(146호)
  텔레그램 n번방 용의자 신상 공개 및 포토라인 세워주세요.(147호)

무시 못 할 숫자는 또 있다. 바로 'n번방'에 입장해있던 26

만 명이다. 이는 n번방 사건 공론화에 앞장섰던 '텔레그램 성
착취 공동대책위원회'가 텔레그램상에 있던 여러 개의 n번방
이용자를 단순 합산해 추산한 숫자다. 이용자 수가 3만 명이
넘는 n번방도 있던 것으로 알려졌다. 우리는 '근절'을 외치지
만, 다른 범죄들과 마찬가지로 디지털 성범죄 역시 완전히 사
라지지는 않을 것이다. 소라넷에서 n번방까지 그 끈질긴 '역
사'를 보면 알 수 있다.

지금도 'n번방'은 또 다른 형태로 부활하고 있다.[2] n번방 사
건 주요 피의자들의 재판이 한창 진행 중인 2021년 6월, 29
세 남성 김영준이 경찰에 붙잡혔다. 김 씨는 피해자 대부분이
남자인, '남자판 n번방'이라고 불렸던 사건의 피의자였다. 김
씨는 여성으로 신분을 위장한 뒤, 1,300여 명의 남성과 영상
통화를 하며 이들의 음란 행위를 녹화(몸캠)해 판매했다. 경찰
이 압수한 몸캠 영상은 총 5.5테라바이트(TB), 파일 수로는 2
만 7천여 개에 달했다. 김 씨 역시 신상 공개를 통해 이름과
나이가 알려졌다.

이런 범죄를 줄이려면 무엇보다 불법 촬영물을 만들고 유
포하고 보는 행위 그 자체가 문제이며, 처벌받을 수도 있다는
사실이 널리 알려져야 한다. 아직 우리 사회에는 이에 대한

인식이 부족하다.

　방송통신위원회가 지난해 10~11월 학생과 성인, 교사, 학부모 등 7,458명을 대상으로 조사해 발표한 '2020년 사이버 폭력 실태조사 결과'에 따르면, 성인 응답자의 29%, 학생 응답자의 5.7%는 디지털 성범죄를 목격한 경험이 있다고 답했다. 디지털 성범죄에 대한 인식을 묻는 질문도 있었는데 성인 응답자의 9%, 학생 응답자의 16%가 '전혀 문제 되지 않는다'고 답했다. n번방 사건으로 온 나라가 떠들썩했었다는 사실을 감안하면 참으로 허탈하고, 절망스러운 숫자다. 타인을 성적 대상화하고, 가볍게 소비하는 왜곡된 문화가 우리 안에 너무나 강력히 자리 잡고 있다.

　2020년 5월 성폭력처벌법(일명 'n번방 방지법') 개정으로 불법 촬영물 소지, 구입, 저장, 시청한 행위에 대해서도 죄를 물을 수 있게 됐다. 내가 직접 불법 촬영물을 만들거나 유포하지 않았더라도 처벌받을 수 있다는 것이다. 과거에는 아동과 청소년을 대상으로 한 불법 촬영물 소지에 대해서만 처벌이 가능했다. 이는 불법 촬영물의 유통 전 단계에 걸쳐 불법성을 강조하고 피해자를 최소화하겠다는 취지로 도입되었다. 2020년 10월, 20대 남성이 처음으로 이 법을 적용받아 구속되었다.

5
처벌이 면죄부가 되는
아이러니

성폭력처벌법 제14조에 규정된 '카메라 등 이용 촬영죄'
에 대한 처벌이 어떤 수준으로 이뤄지는지 보여주는 연구 결
과가 있다. 한국여성변호사회는 2011년부터 2016년 4월까
지 서울 지역 법원에서 카메라 등 이용 촬영죄로 검색된 사
건의 1심 선고 결과를 분석했는데, 벌금형 72.0%, 집행유예
14.7%, 선고유예 7.5%, 징역형 5.3% 순이었다.

한국여성정책연구원도 같은 방식으로 2017년 카메라 등
이용 촬영죄에 대한 1심 선고 결과를 분석했는데, 벌금형
54.1%, 집행유예 27.8%, 징역형 11.1%, 선고유예 6.0% 순
으로 나타났다. 앞선 여성변호사회 조사 결과에 비해 징역형
비중이 높아졌음을 알 수 있다.

성폭력처벌법 1심 선고 결과 분석[3]

1심 형별 종류	2011~2016년 4월		2017년	
	빈도	백분율	빈도	백분율
징역	82	5.3%	41	11.1%
벌금	1,109	72.0%	200	54.1%
집행유예	226	14.7%	103	27.8%
선고유예	115	7.5%	22	6.0%
전부 무죄	9	0.6%	4	1.1%
합계	1,541	100.0%	370	100.0%

＊출처: 한국여성정책연구원, 한국여성변호사회

　2017년 1심 선고 내역을 더 자세히 분석해봤다. 징역형이 내려진 경우 형량은 6개월이 22.0%로 가장 많았고, 10개월 19.5%, 8개월 17.1%가 뒤를 이었다. 징역형의 경우 2011~2016년 4월 중 1심 선고 때와 마찬가지로 대부분 6개월에서 1년 사이에서 형량이 결정되었다.

　벌금형은 2017년 기준으로 300만 원이 30.5%로 가장 많았다. 이어 500만 원 22.5%, 200만 원 16.5% 순이었다. 2011~2016년 4월에 선고된 벌금형에서는 300만 원 이하의 벌금형이 80.1%로 대부분이었지만, 2017년에는 300만 원 이하 벌금형이 53.5%로 낮아졌고, 300만 원을 초과한 벌금형이 47%로 높아졌다. 징역형 집행유예 기간도 벌금형과 마찬가지로 기간이 더 늘어난 것으로 조사되었다. 이 통계만 보면 불법 촬영죄에 대한 처벌이 강화되었다고 볼 수 있지만, 법정형에 비해서는 여전히 경미한 수준이다.

디지털 성범죄에 대한 엄벌 여론이 높아지면서 국회에서는 성폭력처벌법 제14조를 비롯한 관련 법 개정에 나섰다. 이전에는 비동의 촬영 행위와 비동의 촬영물 유포 행위에 대해서는 5년 이하의 징역 또는 천만 원 이하의 벌금에, 촬영 동의 후 의사에 반한 유포 행위에 대해서는 3년 이하의 징역 또는 5백만 원 이하의 벌금에 처하도록 했지만, 2018년 12월 개정된 법에서는 세 가지 행위 모두에 대해 5년 이하의 징역 또는 3천만 원 이하의 벌금에 처하도록 했다. 이는 2020년 5월, 7년 이하의 징역 또는 5천만 원 이하의 벌금에 처하도록 다시 개정된다.

기존의 처벌 조항이 강화된 것은 물론 n번방 사건 등을 계기로 새로운 유형의 디지털 성범죄에 대한 처벌 조항도 만들어졌다. 자신의 신체를 촬영한 영상물이 동의 없이 유포되었을 때 처벌할 수 없던 입법 공백도 보완되었고, 촬영 시 동의 여부에 따라 달리 정하던 법정형을 동의 여부와 관계없이 동일하게 적용하는 내용의 법 개정도 이루어졌다.

특히 영리를 목적으로 불법 촬영물을 유포하는 경우에는 벌금형 없이 7년 이하의 징역형으로만 징계하도록 처벌 수위를 대폭 강화했다. 이는 2020년 5월, 3년 이상의 유기징역만 가능하도록 다시 개정되었다. 이외에 딥페이크 기술을 활용한 성착취물 가공도 처벌할 수 있게 됐다.

디지털 성범죄 양형 기준 마련

디지털 성범죄에 대한 법정형은 계속 무거워져왔다. 하지만 범죄자들이 실제로 그만큼의 처벌을 받느냐는 또 다른 이야기다. 여기서 양형의 문제가 나온다. 양형 기준은 법관이 형을 선고하기에 앞서 참고하는 기준인데, 디지털 성범죄에 대한 양형 기준은 그동안 없었다. 이런 이유로 '판결이 들쭉날쭉하다', '솜방망이 처벌이다'라며 비판을 받아왔다.

공동소송 플랫폼 '화난사람들'이 대법원 양형위원회 산하 양형연구회 회원인 김영미 변호사와 함께 조사해 발표한 「디지털 성범죄 양형기준 국민의견 분석 보고서」에 따르면, 성인 2만 182명 중 43.6%(7,906명)가 디지털 성범죄의 경우 감경 사유가 '없다' 또는 감경에 '반대한다'고 답했다. 디지털 성범죄에 대한 국민들의 강한 문제의식이 나타난 것이다.

대법원 양형위원회는 디지털 성범죄에 대한 양형 편차가 크다는 비판을 받아들이면서, 2019년 6월 디지털 성범죄를 7기 양형 기준 설정 대상 범죄군으로 선정했다. 디지털 성범죄 양형 기준안은 2020년 9월 확정된 상태다. 이후 공청회와 양형위원회 전체회의를 거쳐 2020년 12월 최종 확정되었고, 2021년 1월 1일부터 시행됐다.

확정된 디지털 성범죄 양형 기준안에 따르면, 아동·청소년 성 착취물을 2건 이상 상습 제작할 경우 최대 징역 29년 3개월을 선고할 수 있게 된다. 또 아동·청소년 성 착취물을 영리 등 목적으로 판매할 경우 최대 27년, 2건 이상 배포할 때는 최대 18년, 상습적으로 구매하는 경우 최대 6년 9개월의 징역형을 선고하도록 했다.

양형위원회에서는 디지털 성범죄 양형 기준안을 확정하면서 아동·청소년 성 착취 범죄에 대한 특별가중 인자, 특별감경 인자 등도 제시했다. 특별감경 인자로는 피해 확산 방지를 위한 실질적인 조치(제작·수입된 성 착취물을 유포되기 전 즉시 삭제하거나 폐기, 유포된 성 착취물을 상당한 비용·노력을 들여 자발적으로 회수)를 두었다. 또 '형사처벌 전력 없음'을 감경 요소로 고려하기 위해서는 '해당 범행 전까지 단 한 번도 범행을 저지르지 않은 경우여야 한다'는 제한 규정을 신설했다. 범죄의 특성상 암수 범죄, 즉 실제로 발생했는데도 인지되지 않은 범죄가 많을 수 있다는 점을 고려한 조치다.

가중처벌을 권고하는 '피해자에게 심각한 피해를 야기한 경우'에 대해서는 기존에 제시한 '자살·자살 시도'와 같은 극단적 예시를 제외해, 피해에 따른 고통을 강요하거나 피해자 다움을 요구하지 않도록 했다. 카메라 등 이용 촬영 범죄는 상습범인 경우 최대 6년 9개월, 영리 목적 배포 등에 대해서는 최대 18년의 징역형을 선고하도록 권고했다.

검찰은 이와 별도로 2020년 4월부터 성 착취 영상물 사범에 대해 기존보다 처리 기준을 강화한 '성 착취 영상물 사범 사건 처리 기준'을 마련해 시행하고 있다. 조직적 성 착취 영상물 제작 사범에 대해서는 가담의 정도를 불문하고 전원 구속하며, 주범은 징역 15년 이상 또는 죄질에 따라 법정 최고형인 무기징역까지 구형하는 식이다.

이토록 가벼운 처벌 수위

양형위원회는 당초 성폭력처벌법 제13·14조에 규정된 '카메라 등 이용 촬영죄', '통신 매체 이용 음란죄'를 디지털 성범죄로 규정하고, 이에 대한 양형 기준을 설정하기로 했다. 하지만 2020년 9월 확정된 양형 기준안에는 아동·청소년의 성보호에 관한 법률 11조(아동·청소년 성 착취물의 제작·배포 등)에 대한 양형 기준도 포함되어 있었다. 이는 '다크 웹 사건'이 결정적 계기였다.

이 사건은 가깝게는 2019년 10월, 멀게는 2015년 7월까지 거슬러 올라간다. 2019년 10월 16일은 미국 법무부가 한국을 포함한 전 세계 32개국 수사 기관이 참여해 손정우가 운영하던 사이트 이용자 310명을 검거했다고 밝힌 날이다.

검거된 310명 중 223명이 한국인이었다. 해당 사이트에 가입한 회원 수는 128만여 명이었다. 손 씨는 2015년 7월 사이트를 운영하기 시작한 뒤 2018년 3월 한국에서 체포되었다. 법원 판결문에 따르면, 손정우는 약 3년간 4억 원가량의 범죄 수익을 거두었다. 손정우는 체포된 이후 1심 재판에서 집행유예를 받았고, 2심 재판에서 징역 1년 6개월을 선고받았다.

사건이 알려지면서 여론이 들끓었다. 웰컴투비디오에서는 생후 6개월~10세 전후의 아동을 대상으로 한 성 착취 영상이 거래됐다. 범죄의 잔혹함과 심각성에 비해 처벌 수위가 너무나 가벼웠다. 미 법무부에 따르면, 웰컴투비디오 사이트를 이용한 미국인의 경우 죄질에 따라 차이는 있지만 대개 징역 5~15년의 중형을 선고받았다.

집행유예가 1년 6개월로 늘어나기까지

1심 재판부는 손정우에 대해 "나이가 어리고, 별다른 범죄 전력이 없고, 반성하고 있다"라며 징역 2년, 집행유예 3년을 선고했다. 검찰은 형이 너무 가볍다며 항소했다. 집행유예로 구치소에서 풀려난 손정우는 2심 재판이 진행 중이던 2019년 4월 혼인신고를 한다. 2심 재판부는 부양할 가족이 생긴 점을 피고인에게 유리한 정상이라고 판단했다. 그러나 이후 손 씨 아내의 혼인무효 소송으로 부양 가족이 사라졌다. 형량을 줄이기 위한 '거짓 혼인신고' 가능성이 제기됐다.

2심 재판부는 1심 판결에 비해 사안을 더 무겁게 봤다. 손 씨는 아동·청소년 이용 음란물을 취급하는 것이 성인 음란물보다 이득이 될 것으로 생각하고 해당 사이트를 사들였고, 사이트 운영 과정에서 '아청법(아동·청소년의 성 보호에 관한 법률)'을 검색하거나 여성가족부 '성범죄 알림e' 애플리케이션을 내려받는 등 사건 범행의 위법성을 잘 알고 있었음에도 범죄를 저질렀다는 것이다. 나아가 아동·청소년 음란물 제작자와 소비자를 연결해주는 매개 및 촉진 역할을 하면서 사회적으로 미치는 해악이 매우 크다고도 했다. 하지만 2심 재판의 결론은 징역 1년 6개월이었다.

손정우의 웰컴투비디오 사건을 계기로 아동 대상 성범죄에 대한 형량을 대폭 강화해야 한다는 여론이 모였다. 2019년 10월 '아동 포르노 사이트를 운영한 손 모 씨와 사이트 이용자들의 합당한 처벌을 원합니다'라는 제목의 청와대 국민청원 글에는 30만 명이 넘게 동의했다.

당시 손 씨가 적용받은 아동·청소년의 성 보호에 관한 법률 제11조 2항은 영리 목적으로 아동·청소년 이용 음란물을 판매하는 등의 경우 10년 이하의 징역에 처할 수 있도록 했다. 법정형에 비해서도 실제 선고된 처벌 수위는 너무도 낮았다.

대한민국에서 재판받는 것은 감사한 일?

미 법무부는 아동 음란물 광고·수입·배포 등의 혐의로

손정우를 기소하고, 한국 법무부에 범죄인 인도 조약에 따른 송환을 요청했다. 하지만 2000년 7월 6일 재판부는 손 씨에 대해 한국이 형사처벌 권한을 행사해야 한다며 인도하지 않겠다는 결정을 내렸다. 국내 수사당국이 피의자의 신병을 확보하고 있어야 웰컴투비디오 관련 수사가 더 수월할 것이라는 취지였다. 당시 손 씨의 아버지는 언론 인터뷰에서 "재판장님께서 현명한 판단을 내려서 너무 감사하다"고 했다.

미 법무부는 손정우에 대한 인도를 요청하면서 '국제 자금세탁' 부분에 대해 인도 절차를 진행했다. 아동·청소년 대상 성범죄에 대해서는 이미 한국에서 유죄 판결을 받고 실형을 살았기 때문에 인도 절차 개시 자체가 불가능했다.

그러자 손 씨의 아버지는 자신의 아들을 범죄 수익 은닉 규제법 위반 등의 혐의로 검찰에 고소장을 제출했다. 자신의 정보로 아들이 가상화폐 계좌를 만들고 범죄수익을 은닉했으며, 이 돈으로 할머니의 병원비를 지급해 가족의 명예를 훼손했다는 이유였다. 이를 두고 한국에 남아 수사를 받아야 할 이유를 만든 '꼼수 고소'라는 비판이 나왔다.

손정우를 미국에 보내지 말아 달라는 청와대 국민청원도 올라왔다. 청원 글 작성자는 자신을 '다크웹 운영자 손정우 아빠'라고 밝혔다. 그는 청원 글에서 아들의 범죄에 대해

"IMF 시절 가세가 기울면서 용돈을 벌기 위해 한 일"이라고 두둔했다. 그러면서 "살아온 날보다 살아갈 날이 더 많은 아들이 식생활과 언어, 문화가 다른 미국으로 송환된다면 너무나 가혹하다"라며 "자금 세탁과 음란물 소지죄만 적용해도 50년, 한국에서의 재판은 별개라고 해도 100년 이상 나올 것이 뻔한 사실인데 어떻게 사지의 나라로 보낼 수 있겠느냐"라고 호소했다.

결과적으로 손정우는 한국에 남게 되었고, 경찰이 그에게 제기된 범죄수익 은닉 혐의를 수사하게 되었다. 범죄수익 은닉죄는 최대 징역 5년 또는 3천만 원의 벌금형을 받을 수 있다. 재판부는 당시 법 감정에 부합할 정도로 적정한 형사처벌이 이루어지지 못했다는 지적에 공감하면서도, 강한 처벌만이 범죄인 인도 제도의 기본 취지가 아니며 손 씨가 관련 사건으로 이미 형사처벌을 받았다는 점 등을 이유를 들며 그의 미국 송환을 불허했다.[4]

국회에서는 고등법원 단심제로 운영되는 범죄인 인도에 대해 대법원에 재항고할 수 있도록 하는 이른바 '손정우 법'을 발의했다. 2019년 1월까지 소급한다는 규정을 두어 국회 통과 시 손정우에 대해서도 적용할 수 있도록 해놓았지만, 소급 적용에 위헌 소지가 있어 실제로 법제화될 가능성은 높지 않다. 미 법무부와 워싱턴DC 연방 검찰은 한국 법원의 결정에 대해 "미국 시민들에게 큰 영향을 끼친, 세계에서 가장 위험한 아동 성 착취 범죄자 중 한 명에 대한 한국 법원의 인도 거부에 실망했다"라는 공식 입장을 내놓았다.

2019년 10월 이후 우리 사회는 '아동·청소년 이용 음란물'을 '아동·청소년 성 착취물'로 부르기로 합의했고, 대법원은 아동 성 착취물에 대한 양형 기준을 세웠다. 하지만 손정우에 대한 판결은 정의를 바랐던 많은 이들에게 깊은 아쉬움을 남겼다. 사법 주권의 실천과 여죄 추궁을 위한 신병 확보라는 큰 뜻을 모르는 것은 아니지만, 이번 결정으로 안전해진 사람은 누구이며, 위험하고 불안해진 사람은 누구라고 생각하는지 묻지 않을 수 없다.

'아청법' 개정

n번방과 웰컴투비디오 사건 이후 아동과 청소년을 상대로 한 디지털 성범죄에 대한 처벌 강화 목소리가 높아졌다. 당초 최저 형량을 3년 이상의 징역으로 명시한 '아청법' 제11조 2항(아동·청소년 성 착취물 판매 등) 개정안은 국회의 논의 과정을

거쳐 5년 이상의 징역으로 대폭 강화되었다. 영리 목적이 아닌 배포 및 광고·소개는 3년 이상의 징역, 구입·소지·시청은 1년 이상의 징역에 처하도록 했다. 용어도 아동·청소년 이용 음란물이 아닌 아동·청소년 성 착취물(이하 법 개정 시점과 관계없이 아동·청소년 성 착취물로 지칭)로 바꿔 범죄성을 명확히 드러내는 방식으로 개정되었다.

특히 벌금형을 없애고 법정형을 '~년 이상의 징역형'으로 하한선을 정하면서 아동·청소년 성 착취물 대상 범죄의 처벌 수위와 법의 위하력(무거운 형벌을 정함으로써 범죄 시도를 사전에 막을 수 있는 범죄 예방 효과)을 높였다. 아동·청소년 성 착취물 소지로 처벌받은 경우 벌금형이라면 전에는 아동·청소년 관련 기관에 취업할 수 있었지만, 벌금형이 삭제되면서 모든 아동·청소년 성 착취물 범죄자에 대해 취업 제한 명령을 내릴 수 있게 되었다.

여성가족부는 대법원에 아청법 제11조에 대한 양형 기준 설정도 요청했다. 당시 논의되던 양형 기준 설정 대상 범죄는 성폭력처벌법상 불법 촬영 범죄 등이었는데, 아청법까지 범위를 넓히자는 것이었다. 양형위원회는 2020년 4월 101차 양형위원회 회의 후 "디지털 성범죄와 관련된 엄중한 현실을 인식하고, 기존 판결례에서 선고된 양형보다 높은(엄중한) 양형 기준 설정이 필요하다는 데 의견을 같이했다"라고 입장을 밝혔고, 디지털 성범죄 유형 구분에 아동·청소년 성 착취물 범죄를 포함하기로 했다.

이 과정에서 법조계와 국민 간 동떨어진 인식이 확인되기도 했다. 양형위원회는 4차 양형위원회에 앞서 판사들을 상대로 아동·청소년 성 착취물 제작 등 범죄에 대한 적정 양형을 설문 조사했는데, 설문에 응답한 판사 668명 중 211명(31.6%)이 기본 양형(가중과 감경을 배제한 양형)으로 3년 형을 답했다. 가중 양형으로는 5년 형(252명, 37.9%)이 적절하다는 응답이 가장 많았다. 아청법 제11조 1항(아동·청소년 성착취물 제작 등)의 법정형은 5년 이상의 유기징역, 최고 무기징역에 처할 수 있도록 돼 있었는데, 판사들의 인식은 법정형 하한선에도 못 미쳤다.

특히 설문 조사 이후인 2020년 6월 국회는 아동·청소년 대상 디지털 성범죄 근절을 위한 강력한 대책이 필요하다는 국민 여론을 반영해 아청법 11조 2항 법정형을 10년 이하의 징역에서 최소 5년 이상의 징역으로 대폭 상향했다. 양형위원회 위원들은 2000년 6월 디지털 성범죄 관련 법정형이 상향되는 법률 개정 등을 반영해 양형 기준안을 마련하는 것이 타당하다는 데 의견을 모았다.

2장. 디지털 성범죄의 역사

손정우, 또 구속을 면하다

경찰은 손정우가 출소한 후 범죄수익 은닉 혐의에 대한 추가 수사에 나섰다. 앞서 말했듯 2020년 5월 손 씨의 부친이 명예훼손 혐의로 자신의 아들을 고발했기 때문이다. 물론 이에 대해서는 성범죄 처벌 수위가 높은 미국 대신 국내에서 처벌받게 하기 위해 고의로 고발했다는 해석이 많다.

2020년 11월, 경찰이 범죄수익 은닉 혐의 등에 대한 수사 결과를 토대로 손정우에 대한 구속영장을 신청했지만, 법원은 이를 기각했다. 일정한 주거가 있고, 관련 사건 추징금을 모두 납부한 점 등을 기각 이유로 밝혔다. 구속영장 심사를 마치고 나오던 손 씨는 "정말 죄송하다"라고만 말했다.

손정우에 대해 사법부가 내려온 판단을 쭉 놓고 보면, 사법부는 판결을 내리는 기능적 역할만 수행할 뿐 판결이 갖는 의미에 대한 고민은 텅 비었다는 느낌을 지울 수 없다. 오히려 피해자 권리 보호를 최우선으로 해야 할 사법부가 2차 피해 가해자로 지목되는 사건도 있었다.[5]

2019년 의정부지법은 레깅스를 입은 여성을 불법 촬영한 혐의로 재판에 넘겨진 남성에게 무죄를 선고하면서, 판결문에 불법 촬영된 피해자의 사진을 함께 실었다. 내부 시스템에서만 볼 수 있는 제한적 기록물이었지만, 그 자체로 피해자에게 2차 가해를 했다는 비판이 일었다. 엄정한 판결로 피해 회복의 첫 단계가 되기를 포기한 사법부는 결국 타의에 의한 변화를 받아들일 수밖에 없었다. 새롭게 만들어진 디지털 성범죄 양형 기준은 시대에 동떨어졌던 사법부에 내린 국민들의 판결이라 할 수 있다.

다행히 사법부의 인식도 바뀌고 있다. 문제의 레깅스 불법 촬영 사건은 2021년 1월 대법원에서 유죄 취지로 파기됐다.

대법원은 "레깅스는 일상복으로 활용되고 있으며, 이를 성적 욕망의 대상이라 할 수 없다"라는 등의 이유로 무죄를 선고한 2심 판결에 대해 "자신의 편의를 위해 신체 일부를 드러냈더라도 다른 사람이 이를 함부로 촬영해도 된다는 것은 아니다"라는 취지로 무죄 판결을 뒤집었다.

레깅스 불법 촬영 사건 판결은 '성적 자기 결정권', '성적 자유'의 의미를 '원치 않는 성행위를 하지 않을 자유'에서 '자기 의사에 반해 성적 대상화가 되지 않을 자유'로 확장했다는 평가를 받는다.

6
신상 공개를
둘러싼 논란

경찰은 성폭력처벌법에 따라 충분한 증거가 있고, 국민의 알 권리 보장 등 공익을 위해 필요한 경우 피의자의 신상을 공개할 수 있다. '박사방' 운영자 조주빈은 성범죄 피의자로서는 처음으로 신상 공개가 결정되어 성명과 나이, 얼굴 사진이 공개된 것은 물론 경찰 포토라인에 서면서 순식간에 세상에 알려졌다.

경찰은 n번방 사건을 수사하고, 피의자를 검거하면서 피의자의 신상 공개를 적극적으로 해왔다. n번방, 박사방 사건 관련자인 '박사' 조주빈, '이기야' 이원호, '부따' 강훈, '갓갓' 문형욱, 안승진 등 6명과 별도의 미성년자 성착취물 제작·배포 사건으로 배준환의 얼굴과 신상을 공개했다.

2001년생인 강훈은 미성년자임에도 신상 공개가 결정되었는데, 이는 신상 공개 제도 도입 이후 처음 있는 일이었다.

신상 공개 결정 근거인 특정강력범죄의 처벌에 관한 특례법은 만 19세 미만의 미성년자는 신상 공개 대상에서 제외하고 있다. 강훈은 서울행정법원에 신상 공개 처분을 취소해달라는 소송과 함께 집행정지 신청을 냈지만, 법원은 이를 기각했다. 강훈은 당시 생일이 지나지 않은 만 18세의 미성년자였지만, 경찰은 만 19세 되는 해의 1월 1일이 지나면 청소년이 아닌 것으로 정하고 있는 청소년보호법 조항을 근거로 신상 공개를 결정했다.

n번방 피의자들은 피해자들의 개인 정보를 알아내 이를 볼모로 잔인한 성 착취물을 스스로 만들도록 했다. 그런데 반대로 자신들의 이름과 나이, 얼굴이 세상에 까발려진 지금 어떤 생각이 들까? 수치심이나 두려움을 느낄까?

손정우의 미국 송환 불허 결정 당일 인터넷상에서는 '디지털 교도소'가 주목받았다. 디지털 교도소는 n번방 사건 등 성범죄 사건 피의자들의 신상을 공개하는 사이트다. 이름과 얼굴, 휴대폰 번호, 사는 지역과 출신 학교 정보도 게시한다.

사이트는 소개 글에서 "저희는 대한민국의 악성 범죄자에 대한 관대한 처벌에 한계를 느끼고, 이들의 신상 정보를 직접 공개하여 사회적인 심판을 받게 하려 한다"라며 "범죄자들이 제일 두려워하는 처벌, 즉 신상 공개를 통해 피해자들을 위로하려 한다"라고 밝혔다. 암호화된 서버는 동유럽권 국가 벙커에 설치되어 있어서 한국의 사이버 명예훼손 및 모욕죄의 영향을 전혀 받지 않는다고도 했다.

초기에는 인스타그램 등 SNS를 통해 n번방 사건 가해자들의 신상을 공개했다. 때로는 경찰보다도 더 빠르게, 더 많은 정보를 공개했다. 이후 웹사이트 형식으로 바뀌었고, 현재 100여 명에 이르는 개인 신상이 등록되기에 이르렀다.

이 사이트는 사법 체계에 대한 불신을 먹고 자라났다. 그러나 경찰은 개인이 범죄자의 신상을 공개하는 데 위법의 소지가 있다고 보고 수사에 착수했다.

최근에는 디지털 교도소에 갇힌 사람들이 자신의 정보를 공유하는 네티즌을 상대로 명예훼손 소송을 건다고 한다. 사법 시스템이 제 역할을 못 하는 사이 시민들이 갈피를 못 잡고 혼란스러워하고 있는 것이다.

비극적인 사건도 있었다. 지난 9월 디지털 교도소에 신상이 공개된 한 대학생이 숨진 것이다. 앞서 디지털 교도소는 해당

학생이 '지인 능욕(지인의 얼굴에 음란한 사진을 합성해 공유하는 일)'을 요청했다는 내용의 텔레그램 캡처 이미지를 함께 게시했다.

이 사건 이후 방송통신심의위원회는 디지털 교도소 접속 차단을 결정했으나, 다른 주소에 디지털 교도소를 그대로 옮기면서 이 조치가 무력화되기도 했다. 이후 한 방송 프로그램을 통해 디지털 교도소 운영자 본인도 여러 범죄 혐의를 받고 있는 인물이라는 의혹이 제기돼 혼란이 가중됐다.

7

연대의 공간

경찰의 웰컴투비디오 관련 국제 공조 사실이 밝혀진 초기에 손정우는 '손 씨'로 존재했다. 웰컴투비디오 사건에 대한 미 법무부 보도자료에 'Jong Woo Son, 23, a South Korean national'이라는 개인 정보가 공개되어 있었고, 외신에서도 그의 실명을 그대로 인용해 관련 내용을 보도했지만, 한국 언론에서 그는 여전히 '손 씨'로만 언급됐다. 이름을 밝히는 것이 국내에서는 '사실적시에 의한 명예훼손'이 될 수 있었기 때문이다.

그러나 온라인 세계에서 그는 이미 '손정우'였다. 영문명 때문에 한때 '손종우'라고 잘못 알려지기도 했지만, 트위터 등에

웰컴투비디오 관련 미국 법무부 보도자료

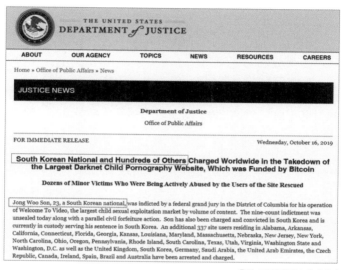

THE UNITED STATES
DEPARTMENT *of* JUSTICE

| ABOUT | OUR AGENCY | TOPICS | NEWS | RESOURCES | CAREERS |

Home » Office of Public Affairs » News

JUSTICE NEWS

Department of Justice

Office of Public Affairs

FOR IMMEDIATE RELEASE   Wednesday, October 16, 2019

South Korean National and Hundreds of Others Charged Worldwide in the Takedown of the Largest Darknet Child Pornography Website, Which was Funded by Bitcoin

Dozens of Minor Victims Who Were Being Actively Abused by the Users of the Site Rescued

Jong Woo Son, 23, a South Korean national, was indicted by a federal grand jury in the District of Columbia for his operation of Welcome To Video, the largest child sexual exploitation market by volume of content. The nine-count indictment was unsealed today along with a parallel civil forfeiture action. Son has also been charged and convicted in South Korea and is currently in custody serving his sentence in South Korea. An additional 337 site users residing in Alabama, Arkansas, California, Connecticut, Florida, Georgia, Kansas, Louisiana, Maryland, Massachusetts, Nebraska, New Jersey, New York, North Carolina, Ohio, Oregon, Pennsylvania, Rhode Island, South Carolina, Texas, Utah, Virginia, Washington State and Washington, D.C. as well as the United Kingdom, South Korea, Germany, Saudi Arabia, the United Arab Emirates, the Czech Republic, Canada, Ireland, Spain, Brazil and Australia have been arrested and charged.

＊출처: 미국 법무부 홈페이지

서 그의 이름을 손정우라고 명시했다. 범죄 행태에 분노한 일부 네티즌들이 기소장과 외신 보도 등을 토대로 손 씨의 이름 등 개인 정보를 알아내 공개한 것이다.

이름뿐만 아니라 언론이나 공식 기관에서 확인할 수 없는 사실들이 온라인 세계에서는 빠르게 확인되고, 널리 확산되었다. 몇몇 계정들은 공적 시스템이 가진 한계를 가뿐히 뛰어넘었고, '아동·청소년 대상 성 착취물'이 왜 '아동·청소년 이용 음란물'로 불리는지 문제를 제기하고, 유리하게 정상참작 받은 손 씨 혼인의 위장 가능성 등에 대해 상세히 분석했다.

이들은 시간이 지나면서 성범죄 세미나와 강연을 통해 성범죄를 당했을 경우 대처하는 방법을 교육하고, 다른 성폭력 사건 피해자와 연대해 활동 방향을 발전시켜 나갔다. 지금도 디지털 성범죄 양형기준안 공청회 참여를 독려하고, n번방 사건 피의자들의 재판 일정을 공유하고 방청에 참여하는 식으로 짜임새 있는 활동을 이어가고 있다. @D_T_Monitoring, @nbun_out, @N65341144 등의 트위터 계정이 최전선에서 활발하게 활동하고 있다.

조명받을 인물들은 또 있다. n번방의 실체를 최초로 제보하고 공론화하는데 앞장섰던 '추적단 불꽃'이다. 텔레그램에 잠복하면서 범죄 현장을 실시간으로 추적하고 기록했던 이들이다.

디지털 공간이 한쪽에서는 말로 표현할 수 없이 끔찍한 범죄의 무대였는데, 아이러니하게도 다른 한쪽에서는 범죄 피해자들을 위로하고 대항할 힘을 기르는 공간이 되었다.

방해받지 않고 살아갈 권리

여성가족부를 출입하면서 디지털 성범죄에 대한 기사를 많이 썼다. 관련된 굵직한 사건들이 터졌고, 사건이 수습되는 과정들을 지켜봤다. 그 과정에서 한 가지 정리된 생각은 '나도 페미니스트구나!' 하는 것이었다. 그전에는 누군가 "너 페미니스트야?"라고 묻는다면, 어떤 대답을 해야 할지 스스로 궁금했다.

내가 생각하는 페미니스트와 질문하는 사람의 페미니스트는 같은 페미니스트일까? 같은 성별의 사람들이 겪는 일에 이 정도 공감할 수 있으면 되는 것 아닐까? 꼭 이름을 붙여야 하나? 또 페미니스트면 뭐고 아니면 뭘까? 하는 생각이 들었다. 그래서 굳이 맞다, 아니다를 나누지 않았다.

약 2년간의 여성가족부 출입이 끝나던 시점에 마침표를 찍는 느낌으로 페미니스트란 무엇일지 생각해봤다. 내 나름대로 내린 결론은 '내가 나 자신으로 살아가는데 방해되는 것들을 거부할 수 있는 사람'이었다. 아무래도 성폭력처벌법을 몇 번이나 읽으며 눈에 익은 '의사에 반하는'이라는 표현, 'n번방' 사건을 접하며 수도 없이 본 '착취'라는 말을 곱씹다 보니 이런 결론에 이르지 않았나 싶다.

타인을 의지나 주관이 없는 물건처럼 여기고, 불법적인 행위를 저지르면서 아무런 죄의식을 느끼지 못하게 하는 '대상화'가 문제의 핵심이었다. 대상화는 거창한 개념이 아니다. 스마트폰 카메라나 차 키 모양의 변형 카메라로 상대방을 속이고 찍는 일이 대상화고, 이 시대의 성범죄이다.

불법 촬영물 유포 피해자들은 밖에 나서기를 꺼린다. 마주치는 사람마다 휴대폰을 들고 있기 때문이다. 저 휴대폰에 달린 카메라가 언제 자신을 찍을지 모르는 일이고, 또 숨겨진 카메라가 있지는 않을지 계속해서 의심이 들기 때문이다. 불안에 잠식당하는 삶, 이건 정상이 아니다. 그런 점에서 여성이든 남성이든 안전한 가운데 자신이 원하는 삶을 살았으면 좋겠고, 그런 삶이 방해되는 일이 없도록 내 위치에서 할 수 있는 일을 하는 것이 페미니스트로 사는 방법이겠다는 결론을 내렸다.

여성이 한 인간으로서 마땅히 누려야 할 권리를 얻기 위해 싸워온 역사는 길다. 많은 사람이 희생했고, 그 희생 위에서 나 역시 지금의 자유를 누리고 있다고 생각한다. 하지만 그 긴 역사를 잘 모른다고, 혹은 깊게 고민해 본 적이 없다는 이유로 페미니스트가 되기를 주저하는 일은 없었으면 한다. 내가 소중한 만큼, 너도 소중하다는데 공감한다면 충분하지 않을까 한다.

여전히 머릿속에서 맴도는 고민도 있다. 성범죄라는 키워드를 붙잡다 보니 자연스럽게 어떻게 처벌할 것인가, 과연 이 정도의 처벌이 합당한가라는 기준을 갖고 사건을 바라봐왔다. 피해자의 피해 정도가 심할수록 정부의 대책은 강경해지고, 처벌은 강화

됐다. 하지만 그런다고 해서 피해자의 무너진 일상이 완벽히 치유되는 것은 아니었다. 마땅히 그랬어야 했을 제도가 뒤늦게 바뀌면서 피해 사건에 대한 일종의 보상처럼 주어지는 것이 현실이었다. 우리 사회가 한 발짝 더 나아갔다는 안도감이 드는 동시에 너무 늦었다는 분노가 뒤따랐다. 어쨌든 없었으면 좋았을 피해가 발생하고 난 뒤였기 때문이다. 이 지점에서 '피해자의 회복이라는 본질'이 아닌 부분에 너무 치중했던 것 아닌가 하는 반성을 한다.

다른 범죄와 마찬가지로 디지털 성범죄가 완전히 사라지는 일은 없을 것이다. 하지만 줄여나갈 수는 있을 것이다.

2010년대 들어 우리나라에서는 연쇄살인범이 나타나지 않고 있다고 한다. 한 범죄 프로파일러는 그 이유로 제보에 적극적인 시민들과 블랙박스, CCTV를 꼽는다. 연쇄살인범이 사라졌다기보다는 범인을 빠르게 잡을 수 있게 되면서 한 사건이 또 다른 사건으로 이어질 가능성이 줄어든 것이다.

디지털 성범죄 사건에서는 무엇이 CCTV의 역할을 할 수 있을까? 무엇보다 디지털 성범죄에 대한 인식이 바뀌어야 한다. '호기심에 볼 수 있는 것 아닌가?' 하는 생각은 그 자체로 교도소 담장 위에 올라타는 일임을 깨달아야 한다. 이토록 가벼운 생각은, 무거운 처벌로 깨뜨려나가야 한다.

피해를 당했다는 호소나 피해자의 숫자가 아닌, 상식이 사회를 변화시키는 힘이 되도록 우리 모두가 페미니스트가 되기를 간절히 소망한다. 우리에게는 불의에 분노하는 271만 명의 상식이 있다.

3장

공정한
월급봉투의 함정

김아영

#남녀 노동 차별

1
남녀 고용 평등에
숨겨진 노동 차별 구조

"출산 후 직장을 그만둔 10년이라는 기간이 이렇게 큰 페널티로 작용할 줄은 몰랐네요. 애들이 좀 손을 덜 타면서 구직 활동을 시작했는데 '남편이 돈을 못 버냐?' '어차피 조금 다니다 그만둘 거 아니냐?' 등 주위에서 별의별 말을 다 하더라고요. 구직을 도와주지는 못할망정 은근히 마음에 상처 주는 말들을 내뱉는 못된 인간들이 있더군요. 이럴 거면 악착같이 회사에서 버틸 걸 그랬어요."(2021년을 살아가는 3040 여성)

vs.

"1970~1980년대에는 요즘 같으면 상상도 못 할 '결혼 퇴직제'가 있었죠. 생산직 노동자나 은행원, 공무원 등 직종과 크게 관계없이 여성이라면 결혼과 동시에 퇴직을 해야 한다는 게 사회적 분위기였습니다. '남편이 돈을 못 버니까 직장을 다니는 거다' 등 여성의 사회 진출을 막는 편견들이 당시에는 만연했어요. 잘못된 차별을 없애기 위해 더 보란 듯이 직장에서 버텼어요."(1980년대를 살아간 당시 3040 여성)

이 두 이야기를 들어보면 시대가 변했어도 노동 앞에 선 여성들의 처지는 비슷한 측면이 있다. 게다가 1980년대 일인 줄만 알았던 결혼 퇴직제가 최근에도 벌어져 충격을 줬다.

불과 5년 전, 2016년에 벌어진 일이다. 대구의 한 중견업체가 60여 년간, 결혼하는 여성에게 퇴사를 강요해온 사실이 밝혀졌다. 여직원 비중이 적을뿐더러 결혼을 하면 아무리 일을 잘해도 당연하게 퇴사하는 것이 이 회사의 관행이었다.

사원 업무 평가에 여직원 항목도 별도로 있었다. 1970~1980년대 횡행하던 결혼 퇴직제가 버젓이 존재해온 것이다.

한 여직원이 이를 세상에 알리기 전까지는(그는 결국 회사를 그만두었다.) 누구도 짐작하지 못했던 일이다. 해당 업체는 뒤늦게나마 잘못된 성차별 관행을 개선하겠다고 밝혔다.

노동시장에 진출한 여성은 많지만

채용 단계에서부터 차별이 이루어진 경우도 있다. 2020년 6월 17일, 국가인권위원회는 대전의 한 방송사가 남성은 정규직으로, 여성은 계약직이나 프리랜서로 채용해온 것은 성차별적 관행이라고 판단했다.[1]

조사 과정에서 해당 방송사는 "남녀를 구분해 채용하지 않았을뿐더러 동일 노동을 하면서 낮은 처우를 받았다는 주장은 사실이 아니다"라며 "프리랜서는 회사 취업규칙 적용을 받지 않기 때문에 차별이 아니다"라고 밝혔지만 국가인권위원회는 이러한 주장을 받아들이지 않았다.

국가인권위원회는 "조사 결과, 프리랜서지만 실질적으로 정규직 업무를 했다"라며 "또한 해당 방송사가 여성 인력이 필요할 때는 정규직으로 채용하지 않고 남성 인력이 필요한 시기에는 정규직을 뽑았다"라고 지적했다.

1908년 3월 8일, 여성들이 생존권을 외치며 목소리를 낸 지 100여 년이 지났다. 이날은 미국 여성 노동자들이 열악한 작업장에서 불이 나 숨진 여성들을 기리며 궐기한 날이다.

당시 미국 여성 노동자 1만 5천여 명은 뉴욕의 루트커스

광장에 모여 '우리에게 빵과 장미를 달라'고 외쳤다. 빵은 남성과 비교했을 때 저임금에 시달리는 여성의 생존권, 장미는 참정권을 의미한다. 이후 세계 각국에서 남녀 차별 철폐와 여성 지위 향상을 요구하는 움직임이 일어났다. 유엔은 1977년에 3월 8일을 '세계 여성의 날'로 공식화했다.

하지만 여전히 여성 노동에 대한 인식은 기대에 못 미친다. 물론 여성 교육 수준이 급격하게 상승했고 덩달아 노동시장 진출 인구도 급증했다. 통계청의 「경제 활동 인구 조사」 중 「근로 형태별 부가 조사」에 따르면, 2019년 8월 임금노동자 중 여성의 비율은 44.6%다.[2]

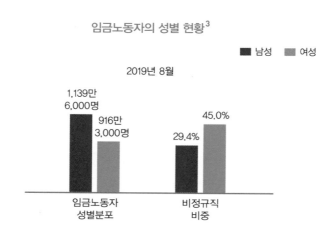

임금노동자의 성별 현황[3]

■ 남성　■ 여성

2019년 8월

1,139만
6,000명

916만
3,000명

45.0%

29.4%

임금노동자
성별분포

비정규직
비중

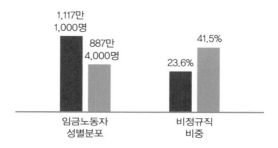

임금노동자 성별분포 / 비정규직 비중

1,117만 1,000명
887만 4,000명
23.6%
41.5%

이 통계를 보면 절반에 가까운 여성들이 노동시장에 진출해 일하고 있는데 무슨 차별이 이뤄지고 있냐며 묻는 사람이 있을 것이다. 하지만 속사정을 들여다보면 그렇지 않다.

여성 집중 일자리와 임금격차

많은 여성이 노동시장에 진출했지만 남성과 임금격차가 적지 않다. 한국은 경제협력개발기구(OECD) 회원국 중 성별 임금격차(gender pay gap)가 가장 큰 국가다. 2019년 한국의 성별 임금격차는 32.5%(OECD 평균 12.9%)로 최하위다.[4] 남성이 100만 원을 번다면 여성은 약 68만 원에 불과한 월급봉투를 받는다는 뜻이다.

노동시장의 불합리한 남녀 차별을 없애기 위한 성별 임금 격차 문제 해소는 오래전부터 화두다.

이러한 성별 임금격차가 나타나는 여러 원인 중 하나가 '성별 직종 분리 현상'이다. 성별 직종 분리란 여성이나 남성이 특정 직종에 집중되는 현상을 말한다. 시간이 흘러도 이 같은 경향은 정도에 차이가 있을 뿐 크게 달라지지 않고 있다.

대학 졸업 이상 집단에서 미만 집단보다 성별 직종 분리가 약하게 나타나는 특성을 감안해 대졸자를 대상으로 한 성별 직종 분리 현상 분석 결과를 살펴봤다. 한국여성정책연구원의 「노동시장 성 격차 해소를 위한 분야별 전략개발(Ⅲ): 성별 전공분리를 중심으로」(2020) 보고서에 따르면 4년제 대학 졸업 이상 여성 취업자의 38.9%(2018년 기준)가 여성 집중 직종에 취업했다. 또한 52.2%가 남녀 혼합 직종에, 8.9%가 남성 집중 직종에 일자리를 구했다. 여성 집중 혹은 남성 집중 직종이란 특정 성 비율이 70.0% 이상인 경우를 말한다.

남성 역시 이 같은 경향은 비슷했다. 같은 보고서에 따르면 4년제 대학 졸업 이상 남성 취업자 중 44.7%가 남성 집중 직종에 취업했다. 남녀 혼합 직종은 48.7%, 여성 집중 직종은 6.6%다.[5]

4년제 대학 졸업 이상 취업자의 던컨(Duncan) 지수가 2008년 50.7에서 2018년 45.8로 줄었지만 성별 직종 분리 현상은 여전했다. 던컨 지수는 모든 직종의 성 비중을 이용해 노동시장의 성별 직종 분리 정도를 계산한 수치다. 성 비중이 같으면 0, 직종 분리가 심화될수록 값이 커진다.

그렇다면 성별 직종 분리 현상과 성별 임금격차와는 무슨 관계가 있을까? 여성이 집중되는 직종은 남성이 집중되는 경우보다 대체로 일자리 질이 높지 않다. 저임금 직종에 여성들이 몰리면서 성별 임금격차가 나타날 수밖에 없다.

실제로 한국노동연구원의 「성별화된 노동시장과 여성 중심 직종 노동자의 이해 대변」(2020) 보고서에 따르면 우리나라 여성 노동자 중 전일제 노동자 중위 임금 2/3 이하 임금을 받는 비율은 35.3%로, OECD 회원국(2019년 기준) 중에서 가장 높은 수준이다.[6]

물론 성별 직종 분리 현상은 최근 10년 새 완화되고 있다는 지적도 무시할 수는 없다. 하지만 연령대별로 살펴보면 꼭 그렇지만도 않다. 40~50대 여성에게는 성별 직종 분리 문제가 달라지지 않았고, 오히려 더 심화되었다는 연구 결과도 있다.

한국노동연구원의 「성별 직종분리와 임금격차: 현황 및 임금공개의 기대효과」(2019) 보고서에 따르면 20·30대의 성별 직종 분리는 지속적으로 완화되었지만 40·50대의 경우 직종 분리 추이는 거의 변화가 없었다.[7] 급변하는 사회 속에서도 여성 노동 현실은 늘 제자리처럼 느껴지는 이유 중 하나다.

2
경력 단절 뒤 남녀의
출발점이 다르다?

"월 300만 원만 벌었으면 좋겠어요. 10년 가까이 직장을 쉰, 마흔 아줌마가 구할 수 있는 직업이 많지는 않겠죠?"

"걸어서 다닐 만큼 직장이 집에서 가까웠으면 좋겠어요. 아이들이 학교에 가 있을 동안 3~4시간만 벌 수 없을까요?"

"주 2~3회 출근만 하고 나머지는 재택을 하고 싶은데, 그런 직장은 없겠죠?"

각종 '맘 카페' 등에서 심심치 않게 볼 수 있는 이야기다. 결혼과 출산 등으로 5~10년 직장을 그만둔 채 지낸, 이른바 '경력 단절 여성'이라 불리는 이들이 나누는 대화들이다. 10여 년 전에도 지금에도, 여성들이 털어놓는 고민은 똑같다.

남성이든 여성이든 장기간 일을 안 하다가 다시 직장을 구하기란 늘 어렵다. 장기간 지속되는 저성장 기조에, 코로나바이러스감염증-19(COVID-19) 등 여러 변수가 더 많아진 요즘 시기에는 더 그렇다. 하지만 여성의 재취업에는 좀 더 다른 요소가 있다. 위의 대화에서도 느꼈듯이 고민거리가 종전 직업과의 연관성이나 미래 지향점, 발전 가능성 등만은 아니라는 점에서 그렇다. 직장과 집 사이의 거리, 재택 가능 유무 등이 '중요한' 고려 대상이 된다.

　실제로 통계청의 '2020년 경제활동인구조사' 결과에 따르면, 조사 대상 69만 7천 명 중 일자리 선택 기준으로 출퇴근 거리 등 편리성을 꼽는 남녀의 비율이 달랐다. 출퇴근 거리를 일자리 선택 기준으로 삼는 경우는 남성 26만 3천 명, 여성 43만 3천 명으로 나타났다. 반면에 일자리 선택 시 과거 취업 경험과 연관성을 보는 항목에서는 남성이 여성보다 2배 정도 이를 더 중요하게 여겼다.[8]

　여성이라고 종전 직업과의 연결성, 미래 지향점 등을 보지 않는다는 말은 아니다. 거기에 더해 남성과 달리 직장과 집 간의 거리 등 고려해야 할 사항들이 더 많아지는 것이다.

　왜 그럴까? 육아 등 돌봄 의무가 여성에게 더 많이 부과되기 때문이다. 이는 곧 남녀 임금격차가 생기는 주요 원인으로

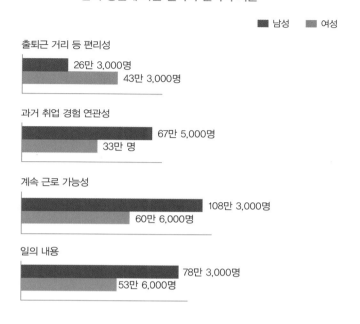

남녀 성별에 따른 일자리 선택의 기준[9]

■ 남성　■ 여성

출퇴근 거리 등 편리성

26만 3,000명
43만 3,000명

과거 취업 경험 연관성

67만 5,000명
33만 명

계속 근로 가능성

108만 3,000명
60만 6,000명

일의 내용

78만 3,000명
53만 6,000명

꼽히곤 한다.

보이지 않는 차별

　이 시점에서 한 연구 결과에 주목할 필요가 있다. 남녀 간 임금격차의 원인으로, 출산과 함께 여성에게 강요되는 돌봄의 의무가 유일한 것은 아니라는 사실을 보여주기 때문이다.

국가인권위원회의 「남녀 임금격차 실태 조사」 보고서 (2017)에 따르면, 성별에 따라 이전 직장 경험을 인정받는 비율이 달랐다. 현재 직장 입사 전 직장 경험이 있는 여성 노동자가 과거 일한 경험을 인정받은 경우는 45.7%에 불과했다. 반면에 남성은 65.7%로 20%p나 높았다.[10]

경력 단절을 겪은 횟수는 남녀 별반 차이가 없었다. 여성 노동자가 1년 이상 경력 단절을 경험한 횟수는 1.3회다. 남성 노동자는 1.1회로 0.2회 차이에 불과했다. 경력 단절을 겪는 횟수는 남녀 차이가 없는데 과거 경력을 인정받는 정도는 큰 폭으로 차이가 난다.

이를 두고 육아와 출산이라는 경험 때문에 경력 단절 기간

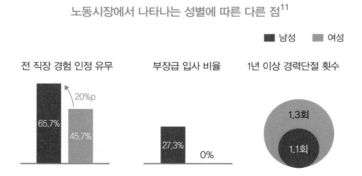

노동시장에서 나타나는 성별에 따른 다른 점[11]

■ 남성   ■ 여성

전 직장 경험 인정 유무   부장급 입사 비율   1년 이상 경력단절 횟수

20%p
65.7%   45.7%

27.3%   0%

1.3회
1.1회

이 남성보다 여성이 길어서라고 해석할 수 있다. 하지만 그것만으로는 부족하다. 위 보고서에 따르면, 조금 의아한 부분이 눈에 띈다.

위 보고서에 따르면 이직 시에 여성의 경우 부장급 입사는 0%였는데, 남성은 27.3%나 되었다. 이 통계에는 입사 이전에 경력 단절이 있었는지 여부는 반영되지 않았기 때문에 경력 단절이 미친 효과를 정확히 알 수는 없다. 그러나 어떤 경우이든 여성의 부장급 입사가 0%라는 수치는 여전히 우리 사회에 보이지 않는 차별이 존재함을 어렵지 않게 짐작할 수 있게 한다.

이는 여성 고위직 부족 현상과도 연결된다. 여성들이 이직 시에 부장급의 고위직으로 가는 경우가 전무하다는 것은, 곧 경력 단절 여성이 40대에 노동시장에 재진입할 때도 고위직으로 연결되는 사다리가 끊겨 버린다는 뜻과 같다.

여성 노동 문제를 고민할 때 '유리 천장' 문제를 빼놓을 수 없다. 우리나라의 '유리 천장(여성의 사회 참여나 직장 내 승진을 가로막는 보이지 않는 장벽) 지수'는 여전히 최하위 수준이다.

영국 시사 주간지 『이코노미스트』는 2013년부터 매년 유리 천장 지수(glass ceiling index)를 발표하고 있는데, 여성의 노동 환경을 종합적으로 따져서 점수화한 것이다. OECD, 국제노동기구(ILO), 유럽연합(EU) 등의 자료를 토대로 교육, 경제활동 참여, 임금, 관리직 진출, 임원 승진, 의회 진출, 유급 육아휴가 등의 분야를 평가한다.

2019년 3월 8일 발표한 유리 천장 지수에서 우리나라는 OECD 회원국 29개국 중 최하위를 기록했다.[12] 100점 만점에 20점 남짓한 점수를 받았는데 OECD 회원국 평균은 60점이다. 이 점수가 낮을수록 사회 불평등 정도가 높다는 뜻이다. 2019년 유리 천장 지수 1등은 스웨덴으로 80점을 훌쩍 넘은 점수를 받았다. 이어 노르웨이, 아이슬란드, 핀란드, 프랑스, 벨기에, 덴마크 등의 순위로 나타났다.

이 통계 수치에서 우리나라의 사정은 시간이 지나도 크게 개선되지 않고 있다. 2013년 처음 발표된 유리 천장 지수에

스웨덴과 한국의 여성 관리자 및 이사 비율[13]

■ 여성 관리자   ■ 여성 이사

스웨덴

39.0% 36.9%

한국

12.5%

2.3%

서, 한국은 최하위를 기록한 뒤 8년 연속 비슷한 수준에 머물고 있다. 매해 언론에서는 '한국 또다시 굴욕', '최악의 성차별 국가', '아직도 단단한 유리 천장' 등 각종 타이틀을 단 기사들을 쏟아낸다. 그럴 때마다 일각에서는 의구심을 던지곤 한다. '우리나라가 그렇게까지 성차별이 심한가? 혹시 통계가 잘못된 거 아니야?'라고.

과연 그럴까? 통계의 면면을 꼼꼼히 따져보면 오히려 우리의 실상이 너무나 잘 반영되어 있음을 알 수 있다. 유리 천장 지수 기준에서 우리나라가 취약한 부분은 성별 임금격차, 여성 관리직 비율, 이사회 임원 비율 등이다. 우선 여성 임금이 남성보다 34.6%가 적다. 또한 여성 관리자 비율은 12.5%, 기업의 여성 이사 비율은 2.3%에 불과하다. 스웨덴의 경우 각각 39.0%, 36.9%다. 1등 국가와 굳이 비교하지 않아도 여성 이사 비율이 한 자릿수에 불과하다는 것은 문제가 있다.

사실 이 세 가지 영역은 서로 맞물린다. 여성 관리직이나 임원 등이 적은 것은 성별 임금격차에도 영향을 미친다. 취업 포털인 사람인(2019)에 따르면, 매출액 상위 50대 기업의 평균 연봉을 분석한 결과, 1직급이 높아질 때마다 평균 연봉이 1,056만 원 늘었다.[14] 고위직으로 올라갈수록 당연히 임금도 상승하는데, 여성은 그 수가 적으니 남녀가 받는 월급에도 차이가 생기는 것이다.

실제로 국가인권위원회의 「남녀 임금격차 실태 조사」보고서(2017)에 따르면, 승진을 하는 데 남성보다 여성이 훨씬 오랜 시간이 걸린다. 대리, 과장, 차장, 부장 등 전 직급에서 여성은 남성보다 승진에 소요되는 기간이 길었다. 사원에서 대리는 1.1년, 대리에서 과장은 1.2년이 더 걸렸다. 이 같은 경향은 직급이 높아질수록 심해진다.

하지만 우리는 의외로 이 같은 문제를 드러내놓고 얘기하지 않는다. 정도의 차이가 있을 뿐 아직도 임금이나 승진 문제를 말할 때면 왠지 자신이 욕심 많은 사람처럼 보이지나 않을까 등등의 쓸데없는 고민을 하곤 한다. 자신이 일한 만큼 정당한 대가를 요구하는 것이 뭐가 그리 큰 문제일까?

3

노동시장의 목소리들, 갈등인가 연대인가

노동 문제, 특히 임금 문제는 하나의 단일한 해법을 제시하기 힘들다. 워낙 계층별로, 업종별로 다양한 이해관계와 문제가 얽혀 있기 때문이다. 노동시장에서 나타나는 성별 격차가 계급과 학력에 따라 각기 다른 양상으로 벌어지는 현실은 젠더 갈등을 더욱 복잡하게 만들 수밖에 없다.[15]

최근 권인숙 더불어민주당 의원(전 한국여성정책연구원장) 등 여성계에서는 여성 일자리의 질 자체를 높여야 한다는 목소리를 높이고 있다. 어떤 정책이나 제도를 바꾸려면 의사결정자들의 역할이 중요하다. 고위직에 여성이 많을수록 아무래도 여성의 노동력이 제대로 된 평가를 받을 가능성이 높아진다.[16] 합리적인 인사 시스템을 도입해도 조직 내 여성과 남성이 동등한 지위가 확보되지 않는다면 오히려 성별 임금격차를 확대하거나, 여성의 노동 수준이 남성보다 떨어진다는 잘못된 해석을 고착화할 수도 있다.[17]

문제는 앞서 말했듯 국내 기업 임원들 중 여성 비율이 현격히 낮다는 점이다. 여성가족부가 2020년 6월에 발표한 '상장 법인 전체 성별 임원 현황 조사 결과'에 따르면 자산 총액 2조 원 이상 기업 중 여성 임원 비율은 4.5%에 불과하다. 이는 전자공시시스템(DART)에 2020년 1분기 사업 보고서를 공시한 2,148개 기업을 대상으로 조사한 결과다. 그나마 2020년 4.5%라는 수치는, 2019년에 비해 196명이 늘어난 것이다.[18] 기업의 중요 정책을 결정하는 임원들 중 95.5%가 남성이라는 사실은 우리에게 여러 시사점을 안겨준다.

'페이 미투'와 연대의 중요성

물론 고위직에 생물학적 여성이 많다고 해서 반드시 그것이 조직의 성평등에 기여하는 것은 아니다. 그보다 중요한 것은 각 개인이 사회적 통념을 얼마나 다르게 볼 수 있는지, 그리고 인간의 평등한 권리에 대한 감수성이 얼마나 뛰어난지 등이다. 하지만 특정 '성'이 지나치게 많이 배치되면 아무래도 우세한 쪽으로 시각이 기울어질 수 있다. 고위직에 여성이 많이 진출하는 것이 중요한 이유다.

물론 이러한 견해에 거부감을 표하는 이들도 있다. 엘리트 여성주의에 대한 경계 때문이다. 모든 여성이 전문 직종, 고위직에 종사할 수는 없다. 소수의 우수한 인력을 양성하는 데 초점을 맞추다가 오히려 도움이 더 필요한 곳들이 소외되는 현상이 나타날 수 있다.

그러나 의사 결정권을 갖는 여성들이 증가하는 것은 다수의 여성들에게도 중요하므로, 연대 의식을 발휘할 필요가 있다. 언제 어디서든 목소리를 낼 수 있는 분위기가 중요하다. '나만의 고민일까?', '내가 이상한 거 아니야?' 등등. 직장 생활을 하면서 겪는 여러 문제와 마주했을 때 한 번쯤 해봤을 생각들이다. 시대의 변화를 쫓아가지 못하는 법적, 제도적 미비점을 연대 의식이 지켜줄 수 있다.

다양한 영역의 미투 운동

다행히 우리는 이 같은 연대의 중요성을 경험한 적이 있다. 바로 '미투-위드유' 운동을 통해서다.

미투 운동은 이제 성폭력 문제에만 국한되지는 않는다. 임금 불평등을 해소하자는 '페이 미투(#PayMeToo)'를 비롯해 다양한 영역에서 미투 운동이 등장하고 있다. 사회적 약자를 향한 무차별적인 폭력과 차별이 있는 곳이라면 어디서든 미투 운동이 일어날 수 있다.

용기를 내어 피해 사실을 이야기하고, 이러한 이들에 대한 지지와 연대를 다짐하면서 우리 사회는 좀 더 나은 곳으로 발돋움할 수 있다.

2019년 3월 페미니스트들이 불매운동을 벌인 적이 있다. 같은 달 고용노동부는 적극적 고용 개선(AA, Affirmative Action) 전문위원회 심의에서 선정한 AA 미이행 사업장 50곳을 발표했다.[19] AA 미이행 사업장이란 여성 및 여성 관리자 고용 비율이 낮은 데다가 이를 개선하려는 노력이 부족한 곳을 말한다.

문제는 이들 사업장 중 그동안 페미니즘 관련 행사들을 많이 해온 A 업체가 있었다는 것이다. 일부 페미니스트들은 이러한 이미지 때문에 일부러 해당 업체에서 물품을 구매하기도 했다. 실제로 A 업체는 최근 경제 상황이 좋지 않은 가운데 해당 업종에서는 가장 좋은 실적을 냈고, 그 이유 중 하나로 적극적인 페미니즘 마케팅이 꼽히기도 했다. 충성도 높은 고객 확보가 영업이익 달성에 도움이 되었다는 분석이다.

이렇게 페미니즘을 옹호하는 기업으로 알려진 A 업체가 AA 미이행 사업장으로 뽑혔다는 소식에 SNS가 떠들썩해지기 시작했다. "페미니즘이 돈벌이냐?", "뒤통수 맞았다", "회원 탈퇴한다" 등등 불만을 토로하는 사람들이 생겼고, 이러한 파장은 즉시 불매운동으로 이어졌다. 이에 해당 업체는 "여성 관리자를 높이기 위해 조직 개편을 하고, 성평등 가치에 부합하지 않는 사내 조직 문화를 바꾸겠다"라며 진화 작업에 나섰다. 여성들이 함께 목소리를 내면 세상은 조금이나마 달라질 수 있다는 점을 보여주는 사례다.

'돌봄 노동'의 딜레마

성별 임금격차 문제를 얘기할 때 빼놓을 수 없는 분야가 '돌봄 노동'이다. 돌봄은 여러 가지 의미에서 상징적인 영역이다. 여성 일자리 형태 중 큰 비중을 차지한다는 측면에서 그렇고, 전통적으로 가사 노동에 제대로 된 노동의 가치를 부여하지 않았다는 점에서 더 그렇다.

여성의 노동은 부수적인 것으로 여겨지던 편견이 그대로 투영된 영역이 바로 돌봄 시장이다. '여자들은 반찬값 정도 벌어 가면 충분하다', '일도 하고 사회적으로 봉사도 하니 서로 '원-원'이다' 등 첫 출발부터 잘못되면서 처우 문제가 꼬일 대로 꼬여버렸다.

최근 코로나바이러스감염증-19로 웃지 못할 현상이 일어났다. 고용 위기가 전 세계를 강타했지만 한국의 60대 여성 노동자들의 경우 오히려 일자리가 늘어난 것이다.

통계청의 '2020년 4월 고용 동향'에 따르면, 전년 동월 대비 취업자 수는 47만 6천 명이 줄었다. 고용률 역시 59.4%로 전년 동월 대비 1.4%p가 하락했다. 하지만 60대 여성의 경우는 0.9%p가 늘었다. '고령+여성'이라는 조합은 늘 고용 시장에서 취약 계층에 속해왔다. 이 때문에 고용 위기 상황에서 가장 먼저 무너져야 할 부분일 텐데 오히려 노동자 수가 증가했다는 점은 이례적이다.

고무적인 일이지만 조금만 살펴보면 실제로는 그렇지 않다는 것을 금방 알 수 있다. 같은 기간 보건업 및 사회 복지 서비스업 취업자 수가 3.5%p 늘었다. 이는 운수 및 창고업(2.4%p)보다도 높은 증가 폭이다.[20] 전통적으로 보건 복지 서비스업은 여초 산업[21]으로 60대 여성들이 이 분야에 주로 취업했음을 어렵게 않게 짐작할 수 있다. 결국 감염병 시대에 늘어난 돌봄 공백을 메우기 위해 60대 여성들이 투입된 것이다.

사실 여성 임금노동자 수 증가에 일정 부분 기여한 영역이 보건업 및 사회 복지 서비스업이다. 통계청의 '경제활동인구 조사 결과'에 따르면 2020년 보건업 및 사회 복지 서비스업

에 종사하는 여성 취업자 수는 약 191만 2천 명으로, 2013
년 보다 약 34% 늘었다. 보건업 및 사회 복지 서비스업 전체
취업자 중 여성이 차지하는 비중은 약 82%(2020년 기준)나
된다.

최저임금보다 딱 10원 더 받는다고?

문제는 이처럼 대표적인 여초 산업의 처우가 열악하다는
점이다. 오죽하면 정부가 돌봄 노동자의 임금을 최저임금 수
준으로 규정한다는 말이 나올 정도일까. 물론 이는 정부가 일
부러 돌봄 노동자의 처우를 최저로 만들겠다는 것이 아니다.
그만큼 이들 영역의 임금이나 복지 수준이 낮다 보니 최저임
금을 겨우 웃도는 수준에 불과한 돈을 손에 쥐게 된다는 것이
다.

대표적인 예로 '요양보호사'를 들 수 있다. 서울시 여성가
족재단의 「서울시 사회서비스 종사자 근로조건 개선방안」
(2018) 보고서에 따르면, 설문에 응답한 여성 재가요양보호사
의 월평균 임금은 88만 7,236원으로 나타났다. 이는 1인 기
준 중위소득(167만 2,105원)의 53% 수준에 불과하다.[22] 재가

요양보호사는 요양 대상자의 집으로 찾아가 돌봄 서비스를 제공한다.

'아이돌보미' 역시 정도의 차이가 있을 뿐 비슷하다. 2007년부터 시작한 아이 돌봄 서비스는 만 3개월~12세의 자녀를 둔 맞벌이 가정 등에 아이돌보미가 방문해 돌봄 서비스를 제공하는 제도다. 여성가족부 사업이지만 이들의 처우는 아직도 열악하다. 간병인 역시 마찬가지다.

문제는 정부의 주도로 이러한 돌봄 직종들이 출발했지만 첫 시작부터 잘못된 관점이 그대로 투영되었다는 것이다.

2007년도 정부 예산을 보면 사회적 일자리에 대한 경제적 보상 계획은 간병 서비스의 경우 월 56만 8천 원, 아이돌보미는 월 21만 3천 원 등에 불과했다.[23] 아이돌보미의 경우 정부의 처우 개선 노력으로 상황이 나아졌다고는 하지만 여전히 열악하다. 1년마다 재계약을 해야하는 현실과 단시간 노동으로 인한 경제적 불안정 등의 문제를 제기하는 현장의 목소리는 계속되고 있다.

여성가족부에 따르면, 2020년 아이돌보미들의 시간당 기본급은 8,600원이다. 여기에 주휴수당(노동자가 유급 주휴일에 받는 수당으로 근무시간이 주 15시간 이상인 노동자들이 적용 대상이다.)을 받을 수 있으면 시간당 1만 320원이 추가된다. 하지만 2020년 시간당 최저임금이 8,590원이다. 기본급이 최저임금보다 딱 10원 더 많은 셈이다.

5
여성의 노동은 왜
'그림자' 취급을 당하나

사실 여성들은 항상 일을 해왔다. '여성이 사회적 의무를 남성과 함께 나눠야 한다' 등의 지적이 나올 때 '여성은 항상 의무를 게을리하지 않았다'며 반박하는 이유도 이 때문이다.

우리는 흔히 1960년대부터 여자가 일하기 시작했다고 말한다. 하지만 사실 여성은 훨씬 이전부터 돌봄 및 가사 노동을 해왔다. 화폐가치로 환산하기 힘들다는 이유로 이런 노동들이 '그림자 노동' 취급을 당해왔을 뿐이다. 이런 인식 때문에 여성은 24시간 일을 해도, 24시간 놀고 있다는 편견을 받아왔다. 이는 곧 여성은 생계를 책임지지 않는, 혹은 책임질 필요가 없는 사람이라는 인식이 투영된 결과이기도 하다.

「서울시 사회서비스 종사자 근로조건 개선방안」 연구 보고서에서도 이 같은 경향을 찾아볼 수 있다. 여성 재가요양보호사를 대상으로 실시한 설문 중 '가족생활에 필요한 소득을 버는 데 어떤 이가 가장 중요한 역할을 하나'라는 질문에 '본인'이라는 응답이 48.5%로 나타났다. '배우자(남편)'라고 답한 경우는 47.2%다. 특이한 사실은 주된 생계 부양자를 물었을 때 배우자(남편)보다 소득이 높아도 자신이 아닌 남편을 대다수 지목했다는 점이다. 사회적 통념에 자신도 모르게 길들여져 있는 현실을 단적으로 보여주는 예이다.

그렇다면 여성의 가사 노동, 돌봄 노동은 제대로 된(?) 노동인가 아닌가? 거창하게 경제학적 논리, 셈법 등을 들이밀지 않아도 우리의 삶 곳곳에서 가사 노동과 돌봄 노동이 경제적 가치를 인정받는 노동이라는 점을 알려주는 장면들을 만날 수 있다.

30~40대 부부가 있다고 치자. 결혼과 출산 뒤 4년 정도 집에서 육아에 전념하던 아내가 일자리로 다시 나서기 시작했다. 이때 돌봄과 가사 노동은 누구의 몫이 되는가? 대부분 '제3자'에게 돌봄이나 가사 노동이 돌아가며, 부부는 그 비용을 지불한다. 만약 가사 노동과 돌봄 노동이 말 그대로 가치 있는 노동이 아니라면 타인에게 경제적 대가를 지불할 필요가 없었을 것이다.

68년 만에 받는 법적 보호

한 국가의 진정한 후생 수준을 파악하기 위해서는 국내총생산(GDP)에 무급 가사 활동을 포함해야 한다는 지적이 오래전부터 제기되었다. 2018년 10월 통계청은 가사 노동의 경제적 가치를 추산한 결과를 발표한 적이 있다. 이는 국가 승인 통계로서는 최초라 의미가 있다.

통계청의 가사 노동의 경제적 가치 추산 결과에 따르면, 음식 준비나 자녀 돌봄, 청소 등 가사 노동의 가치는 2014년 기준 연간 약 361조 원이다. 이는 명목GDP 대비 약 24.3%에 달하는 수치다. 성별로 계산하면 여성이 전체 가사 노동 가치의 3/4인 75.5%를 창출했다. 여성 1인의 무급 가사 노동 가치는 연간 약 1,077만 원으로 남성의 3배를 웃돌았다.[24]

가사 노동의 경제적 가치를 환산하는 작업은, 곧 그 가사 노동이 서비스화되었을 때, 그 서비스의 가치를 제대로 평가하는 데에도 도움이 된다.

우리나라는 최근에야 가사 노동자의 법적 권리가 보장되기 시작했다. 국제노동기구는 2012년 총회에서 '가사 노동자를 위한 양질의 일자리 협약'을 채택했지만 당시 한국은 비준을 하지 않았다. 19대 국회와 20대 국회에서 가사 노동자의 권리 보장을 위한 특별법이 여러 차례 발의되었지만 번번이 통과되지 못했다. 고용노동부는 2020년 7월 7일 국무회의에서 가사 서비스 시장을 공식화하는 '가사근로자의 고용개선 등에 관한 법률(가사근로자법)' 제정안을 심의·의결했다고 밝혔다.

가사근로자법 제정안의 주요 내용은 '근로계약 체결(직접 고용) 가사 서비스 제공 기관 정부 인증제, 유급 주휴·연차 휴가와 퇴직금 등 적용, 휴게 시간·안전 사항 포함 표준이용 계약서 마련' 등이다. 고용노동부는 "만약 가사근로자법이 시행된다면 약 5년 이내에 가사 노동자 30~50%를 직접 고용하여 서비스를 제공하는 방식으로 전환될 것"이라고 기대했다.[25] (물론 가사 노동자를 근로기준법 적용 대상으로 넣지 않고, 그에 관한 별도 법안을 만든다는 점에 우려를 표하는 이들도 있다. 코로나바이러스감염증-19 등으로 플랫폼 노동시장 성장세가 가속화되는 상황에서 잘못된 선례를 남길 수도 있다는 지적이다. 유사한 근무 형태의 직종들도 또다시 별도의 법안들을 만들어 적용하는 상황이 벌어질 수도 있다는 것이다. 이렇게 되면 사각지대가 발생하는 등 오히려 악용될 수 있는 여지도 있다는 주장이다.)

2021년 5월 21일 가사근로자법이 국회 본회의를 통과했다. 1953년 근로기준법 제정 이래 68년간 법적 보호를 받지 못하던 가사 노동자들이 법적 보호를 받게 됐다. 물론 아직도 해결해야 할 사항들은 많이 남아있다. 고용노동부의 인증을 받지 않은 비공식부문의 가사 노동자들은 여전히 사각지대에 놓이게 된다. 앞으로 논의를 계속해 나가야 한다는 목소리가 나오는 이유다.

그림자 노동으로만 여겨지던 돌봄 혹은 가사 노동에 대한 사회적 인식이 변화하고 있다는 점은 긍정적이다. 돌봄의 공공성과 제대로 된 노동의 가치를 평가해주어야만 약자에게 또다시 부담을 전가하는 일이 벌어지는 것을 막을 수 있다.

6
차이냐 차별이냐,
문제는 '공정한 보상'

2019년 국제축구연맹(FIFA) 여자 월드컵에서 우승을 차지한 미국 팀 주장 메건 라피노는 기자회견에서 성별 임금격차 문제를 제기했다. 메건 라피노는 당시 기자회견을 통해 "남녀 월드컵 상금 격차가 너무 크다"라며 "FIFA는 여자 운동선수를 남자만큼 존중하지 않는다"라고 비판했다. 메건 라피노는 미국을 월드컵 우승으로 이끈 축구 스타로, 평소 거침없이 자신의 소신을 밝히는 것으로 유명하다.

미국 여자 축구 대표팀은 2019년 3월 남녀 간 임금 차별을 받고 있다며 미국축구연맹을 상대로 소송을 제기했다가 2020년 5월 기각된 바 있다. 당시 선수들은 항소 의지를 밝혔다.

소송을 제기했던 선수들의 대변인 몰리 레빈슨은 "동일 임금을 향한 우리의 힘든 여정을 포기하지 않겠다"라며 "스포츠에 종사하는 여성들에게 성별 때문에 낮게 평가받고 있다는 것을 확신시키려는 우리의 약속을 꾸준히 밀고 나가겠다"라고 밝혔다.

우리나라도 비슷한 상황이다. '식빵 언니'라는 별명으로 대중에게 친근한 김연경 배구 선수도 이 같은 문제 제기를 한 바 있다. 2018년 3월 김연경 선수는 프로 배구 남녀 샐러리 캡(팀 연봉 총액 상한선)에 대한 불만을 토로했다. 그는 자신의 트위터에 여자 배구와 남자 배구의 샐러리 캡 차이가 너무 크고 불합리한 차별 구조가 심화되고 있다는 취지의 글을 올렸다.

당시 한국배구연맹(KOVO)은 정기 이사회에서 남자부 샐러리 캡을 3년간 매년 1억 원씩 인상한다는 결정을 내렸다. 반면 여자부 샐러리 캡은 기존 13억 원에서 14억 원으로 1억 원 올리는 대신 2년간 동결하기로 했다. 게다가 여자부의 경우 특정 선수의 연봉이 샐러리 캡 총액의 25%를 초과할 수 없다는 단서 조항을 달았다.

미국이든 한국이든 차별이 아니라며 근거를 대는 이유들

중 공통점이 하나 있다. 남녀 스포츠 시장 규모에 차이가 나기 때문에 이는 차이일 뿐 차별이 아니라는 것이다. 이 같은 논리는 꽤 오래전부터 제시되어 왔고, 안타깝게도 잘 통했다.

합리적으로 설명할 수 있는 임금격차는 36.9%뿐

영화 「빌리 진 킹: 세기의 대결」로 우리에게도 친숙한 유명 여성 테니스 선수 '빌리 진 킹'은 1970년대에 이미 이 같은 논리에 정면으로 반박, 세상의 변화를 요구하고 나선 바 있다. 빌리 진 킹은 테니스 메이저 대회에서 통산 39회 우승하는 등 실력이 있을 뿐만 아니라 성차별의 빗장을 푸는 역할을 해 온 인물로 유명하다.

영화 「빌리 진 킹: 세기의 대결」의 소재가 된, 1973년 전직 윔블던 챔피언 보비 리그스와의 성 대결에서 승리를 거둔 사실은 아직까지도 회자되고 있다. 당시 대결은 단순히 테니스 경기가 아닌, 남성우월주의자와 페미니스트의 대결이라는 측면에서 여러모로 화제가 되었다.

우리는 이 영화의 한 장면, 즉 대회 주최자인 잭 크레이머와 주인공 빌리 진 킹의 대화를 통해 당시 미국 사회에서 여성의 노동력이 얼마나 평가 절하 되었는지를 단적으로 알 수 있다.

　　잭 크레이머: "억지 쓰지 마요. 똑같이 주는 건 말도 안 되죠. 남성 선수가 여성 선수보다 훨씬 더 빠르고, 강하고, 투지도 뛰어납니다."

　　빌리 진 킹: "남성 상금이 여성보다 8배나 많잖아요. 여성 테니스 경기 관객이 남성 경기의 8분의 1밖에 되지 않나요? 오늘 여자 결승 티켓이 남성 경기와 똑같이 팔렸어요."

물론 '노동력'의 가치를 하나의 잣대로만 평가할 수는 없다. 여러 요소들이 복합적으로 구성되어 있기 때문에 그만큼 논쟁이 끊이지 않는다. 임금 차별은 차별적 환경과 불이익에 대해 거부할 수 없는 해당 조직의 뿌리 깊은 문제가 집결되어 나타나는 산물이다. 그래서 성별 임금격차를 가능하게 하는 차별적 환경, 맥락보다 단순히 누가 더 많이 받았다, 덜 받았다 하며 숫자에만 천착하면 변화는 일어나지 않는다.

　이를 보여주는 연구 결과가 있다. 국가인권위원회의 「남녀 임금격차 실태 조사」 보고서(2017)에 따르면, 성별에 따른 시간당 임금격차 5,534원 중 합리적 설명이 가능한 부분은

36.9%(2041원)밖에 되지 않았다. 설명되지 않는 차이는 무려 63.1%(3,493원)나 되었다.[26](이는 통계청의 2016년 8월 경제활동 인구조사 자료를 오악사카-블라인더(Oaxaca-Blinder) 방법으로 성별 격차 요인을 분석한 결과다. 이 방법은 노동자의 관측 가능한 특성 차이(difference)에 의한 부분과 차별 등 관측이 불가능한 특성 차이(discrimination)에 의한 부분으로 나누어서 임금격차의 원인을 살펴보는 것이다.)[27]

이 같은 경향은 시간이 흘러도 별반 달라지지 않았다. 김난주 한국여성정책연구원 부연구위원의 분석에 따르면, 2019년 성별 임금격차 중 설명되지 않는 격차가 66.4%나 되었다.[28](이 역시 통계청의 '2019년 8월 경제활동인구조사 근로 형태별 부가 조사' 자료를 오악사카-블라인더 방법으로 분석한 결과다.)

물론 여기에서 '설명되지 않는 격차'가 100% 성별에 따른 차별이라 얘기할 수는 없다. 하지만 문제가 심각하다는 것이 드러난 만큼 앞으로 좀 더 면밀히 연구하고 개선해갈 필요가 있다.

비밀주의는
이제 그만!

　노동 문제에서 중요한 쟁점 중 하나로 동일가치노동 동일
임금 의제가 있다. 이는 최근 등장한 것은 아니다. 꽤 오래전
부터 제기되었지만 여전히 실현되지 않았고 그래서 종종 논
쟁이 벌어진다. 이와 관련해 우리나라에 인상적인 판결이 하
나 있다.

　한 공장 여성 노동자들이 남녀고용평등법 위반 혐의로 회
사를 고소한 사건이 있었다. 여성의 하루 임금이 남성보다 2
천 원 적은 점을 문제 제기한 것이다. 2003년 대법원은 무죄
를 선고한 하급심과 달리 남녀고용평등법 위반 판결을 내렸
다. 하급심이 무죄를 선고한 이유는 다음과 같다. 여성 노동자
는 특별한 기술이나 숙련도, 체력을 요구하지 않는 업무를 맡

은 반면, 남성 노동자는 무거운 기계나 원료를 운반·투입하는 등 체력을 요구하는 업무나 기술을 요구하는 업무를 담당했기 때문에 남녀 차별이 없었다는 것이다.

반면 대법원은 남성과 여성이 하나의 공장 안에 협동체로서 근무하는 만큼 작업 조건이 동일하다고 판단했다. 또한 남자가 여자에 비해 더 많은 체력을 요하는 노동을 한다든가, 기계 작동 노동을 한다는 점만으로 남자의 월급이 더 많은 것은 합당하지 않다고 밝혔다. 남자가 여자에 비해 체력이 더 많이 필요한 노동에 종사했지만 일반적인 생산직보다 고도의 체력과 기술을 요구한 것도 아니었기 때문에 유죄에 해당한다는 판단을 내렸다. 이 판결은 동일가치노동 동일임금의 판단 기준을 보여주는 사례로 종종 꼽힌다.

투명한 정보 공개를 통해서

이 판결이 나온 지 20년 가까이 세월이 흘렀지만 성별 임금격차 문제는 여전하다. 문재인 정부는 '성평등 임금 공시제'를 해결 카드로 제시하고 있다.

성평등 임금 공시제란 성별·고용 형태별 임금과 노동시간

등 관련 정보 공개를 의무화하는 것이다. 산업 규모 등 기업 특성을 바탕으로 직장 내 직급, 고용 형태, 근속 연수 등 노동자 속성을 교차 비교해 임금 분포 현황을 공시한다. 이때 임금 수준은 평균값은 물론 중간값, 상위 25% 값, 75% 값이 함께 제공된다. 단, 개별 기업의 임금 분포 공개는 하지 않는다. 독일, 스위스, 영국 등은 이미 이와 비슷한 제도를 시행하고 있다.

성평등 임금 공시제는 투명한 정보 공개를 통해 성별에 따른 비합리적인 임금격차를 해소하는 것이 목표다. 자신과 동일한 노동을 하는 남성 혹은 여성의 임금 수준이 어느 정도인지 개인이 확인할 수 있도록 하고, 나아가 기업들에 긴장감을 주어 장기적으로는 성별 임금격차 완화에 도움이 될 것으로 정부는 기대 중이다. 실제로 유럽위원회는 동일가치노동 동일임금 원칙의 실현을 어렵게 하는 원인 중 하나로 임금 체계의 불투명성을 들었다.

문재인 정부는 2017년 7월 국정 운영 5개년 계획을 발표하면서 성평등 임금 공시제 도입 계획을 밝혔다. 하지만 아직 이렇다 할 성과를 내지 못하고 있는 상황이다. 주무부처인 고용노동부는 경영계의 반발 등으로 속도를 내지 못하고 있다.

중앙정부보다 앞서 서울시가 산하 투자·출연기관에 대한

성평등 임금 공시제를 도입했다. 2019년 12월 서울시 22개 투자·출연기관의 성별 임금격차 정보가 시 홈페이지에 공시됐다. 대부분의 기관들이 고위직으로 갈수록 여성 비율이 낮았고, 이러한 경향은 성별 임금격차에도 영향을 미쳤다. 공시 결과 성별 임금격차는 46.42%에서 −31.57%까지 각 기관에 따라 다양했다. 마이너스는 여성 임금이 남성보다 많은 경우다.[29]

어쨌든 국내 최초로 성평등 임금 공시제가 실시된 것은 고무적이지만, 결과는 예상한 대로 남녀 임금격차가 심했다. 공공기관이 이 정도인데 민간 기업이 어느 정도일지는 어렵지 않게 짐작할 수 있다.

미완의 도전, '성평등 임금 공시제'

우리나라는 아직 걸음마 단계지만, 성평등 임금 공시제는 이미 해외에서도 다수 도입되어 시행 중이다. 독일은 아예 '임금 공개법'을 제정해 실시 중이다. 여성 노동자가 같은 일을 하는 남성 동료의 연봉을 확인할 수 있고, 만약 차별이 있다면 연봉 인상 등 개선을 요구할 수 있다.

프랑스는 2019년 '남녀평등 지침'을 시행 중이다. 250인 이상 사업장을 대상으로 기업들이 고용 평등 계획 현황을 스스로 평가하고 미흡할 경우 재정적으로 불이익을 준다. 3년 안에 개선 등 성과를 내지 못하면 총임금의 1%에 달하는 벌금을 내야 한다. 남녀평등지침 평가 기준은 육아휴직 뒤 임금 상승률, 고임금 노동자 10명 중 여성의 비율, 승진 차이, 여성과 남성의 임금 차이 제거 등이다. 이들 지표별로 10~40%의 비중을 두고 점수를 매겨 지수화한다.

아이슬란드는 2018년 '동일 임금 인증제'를 실시 중이다. 설명되지 않는 성별 임금격차를 없애기 위해서다. 25인 이상 모든 기업에 동등 급여 프로그램 시행 의무를 부과했다. 이들 기업은 매년 세금 회계 감사 보고서를 제출할 때마다 동일 임금을 증명하는 서류도 함께 내야 한다. 만약 서류를 내지 않거나 성별 임금 차별이 생기면 벌금을 부과한다.[30]

영국은 250인 이상 기업의 경우 여성과 남성 연봉에 대한 정보를 의무적으로 공개하고 있다. 성별 간 평균 시급 차이와 성과급 차이를 밝혀야 한다. 또한 성과급을 받는 여성과 남성의 비율은 물론 4분위 여성과 남성의 비율도 함께 공개해야 한다.[31]

이처럼 전 세계적으로 성별 임금격차 해소를 위한 성평등 임금 공시제 원칙을 강조하고 이를 현실화할 수 있는 여러 방안들을 모색하는 추세다. 하지만 이것만으로는 성별 임금격차를 해소할 수 없다는 점은 점은 분명하다. 진일보한 대책인 것은 분명하지만 실질적으로 큰 변화를 일으키기에는 한계가 많다.

단적인 예로 성이 다르다는 이유만으로 자신의 연봉이 낮다는 사실을 개인이 알았다고 치자. 이를 해결하기 위해서 회사에서 개인이 목소리를 내기는 어렵다. 설사 용기를 내어 개인이 회사에 항의를 해도 받아들여지지 않았을 때 소송으로 가는 것은 더 힘든 일이다. 집단 소송권 등 다른 지원책이 병행될 필요가 있다는 지적이 나오는 것도 바로 이런 이유 때문이다.

동일가치노동 동일임금의 실현, 성차별 없는 노동시장의 일반화는 우리나라뿐만 아니라 유럽 등 전 세계적인 고민이다. 정도의 차이가 있을 뿐 완벽한 동일가치노동 동일임금을 실현한 국가는 없는 것이 현실이다. 다행히 각 국가별로 변화를 위한 여러 가지 제도 도입 등 활발한 움직임이 일어나고는 있지만 과연 언제 우리가 그 아퀴를 지을 수 있을지는 미지수다.

노동권은 성(性) 대결 문제가 아니다

　여성 이슈를 취재한 지 10여 년이 흘렀다. 솔직히 고백하면 다양한 사회 현상을 발 빠르게 쫓아가야 한다는 기자의 직업 특성상 때로는 성글게, 그리고 긴 간격을 두고 여성 이슈를 다루어왔다. 그런데 어찌 된 일인지 늘 '노동권' 문제로 도돌이표처럼 돌아오곤 했다. 왜였을까?

　한 성폭력 생존자를 만났을 때의 일이다. 그는 상사의 성적 언어폭력을 견디다 못해 몇 차례나 도움을 요청했지만, 모두 묵살당했다. 결국 사표를 내고 조직을 떠났다. 그가 원한 것은 가해자에 대한 혹독한 징계도, 동료들의 2차 가해 때 등장한 말처럼 승진 요구도 아니었다. 정상적인 근무 환경, 정당한 노동권을 요구했을 뿐이다.

　만약 이 사건에 '성'이라는 요소가 없었으면 어땠을까? 적어도 '꽃뱀' 프레임에 시달리는 일은 없었을 것이다. 피해자가 아닌 가해자부터 다른 곳으로 옮기는 것이 합당하다. 하지만 안타깝게도 노동 이슈에 '성'이라는 문제가 더해지면 이성을 상실하는 조직들을 수없이 많이 봐왔다.

　이러한 현실과 마주한 뒤 '성차별 없는 노동권 보장'에 관심이 가기 시작했다. 그리고 그중에서도 임금 문제에 돋보기를 들이대고 있는 중이다. 임금 차별 문제는 차별적 환경과 불이익을 거부할 수 없게 만드는, 조직의 뿌리 깊은 문제가 집결된 산물이라고 생각하기 때문이다. 그리고 임금의 숫자 하나를 바꾸는 작업은 단순히 돈을 더 받고 덜 받고의 문제에 그치지 않는다. 숫자 하나가 달라지기 위해서는, 그 숫자를 둘러싼 차별적 환경이 먼저 변해야 하기 때문이다.

"성평등이 긴급한 이슈라는 세계적인 자각에도 우리는 젠더 격차를 메우는 데 있어 지나치게 느리게 진보하고 있다. 일부 국가들에서는 성 격차가 더 벌어지기도 했다. 성평등 정책의 입안과 집행을 보다 내실 있게 해야 하며, 그 결과에 대한 책임성도 강화해야 한다. 그렇지 않으면 성평등 달성에 앞으로 200년이 더 걸릴 수도 있다."

2019년 3월 8일, 「사회제도와 젠더 지수(SIGI) 2019 글로벌 리포트」를 발표하면서 당시 OECD 사무총장 비서실장이자 젠더 이슈 담당 고위 대표였던 가브리엘라 라모스가 한 말이다.

세계경제포럼(WEF)도 2018년 12월 「세계 젠더 격차 보고서」를 공개하면서 "성평등을 이루는 데 108년이 더 걸리고 성별에 따른 경제적 격차를 줄이는 데에만 202년이 더 필요할 것"이라고 밝힌 바 있다.

우리는 현실을 직시할 필요가 있다. 그리고 이 시간을 조금이라도 단축하기 위해 필요한 것은 '연대'다. 이때 중요한 것은 생물학적인 성을 떠난 연대다. 각종 혐오 현상을 부추기는 구분 짓기는 오히려 문제를 키울 뿐이다.

　미국의 '미투' 운동은 최근 '타임즈 업(#Time's up) 운동'으로 진보했다. 타임즈 업 운동은 미투 운동에 공감하는 '위드유(With you)'보다 더 적극적으로 성폭력 등에 공동 대응한다. 그리고 미국 내 사회주의 페미니즘은 타임즈 업 운동이 요구하는 새로운 페미니즘을 '99%를 위한 페미니즘'으로 정의했다. 이들은 종전의 자유주의 페미니즘이 '차별'을 요구하고 '선택의 자유'를 강조했지만 대다수 여성들의 자유를 가능케 하는 경제적 계약 조건을 바꾸지 않았다고 비판한다.[32]
　99% 페미니즘의 핵심은 저임금 인종차별주의 등에 대항하여 1% 여성의 승리 모델을 위한 페미니즘이 아닌 99%의 변화를 위한 공동 행동을 모색하는 것이다. 불평등과 부정의에 저항하는 정신을 주창하며 서로 손을 잡을 것을 권한다. 반자본주의라는 거창한 운동 구호에 얽매이지 말고 99%의 연대에 주목했으면 하는 바람이다. 우리는 이분법적으로 파편화된 사회가 아닌, 서로 상생하며 파이를 키워나가는 풍요로운 미래를 원하니까 말이다.
　우리나라도 미투 운동이 벌어진 뒤 '페이 미투' 등 다양한 영역으로 저변을 확산해나갔다. 또한 미투 그 이후를 이야기할 시점이라는 지적이 나온 지도 오래다. 과연 우리가 만들어가는 미투 이후의 시대상은 무엇일까?

소수자 인권과
차별금지법

이현주

#소수자 차별 금지

- 2006년 7월   국가인권위원회, 차별금지법 입법 추진 권고
- 2007년 10월   법무부, 차별금지법 제정안 입법 예고
- 2007년 12월   정부, 차별금지법 발의 / 임기 만료 폐기
- 2008년 1월   17대 국회 노회찬 민주노동당 의원 등 대표 발의 / 임기 만료 폐기
- 2011년 12월   18대 국회 권영길 민주노동당 의원 대표 발의 / 임기 만료 폐기
- 2012년 11월   19대 국회 김재연 통합진보당 의원 대표 발의 / 임기 만료 폐기
- 2013년 2월   19대 국회 김한길 통합민주당 의원 대표 발의 / 4월 철회
- 2013년 2월   19대 국회 최원식 통합민주당 의원 대표발의 / 4월 철회
- 2020년 6월   제21대 국회 장혜영 정의당 의원 차별금지법안 대표 발의
- 2021년 6월   제21대 국회 이상민 더불어민주당 의원 평등에 관한 법률안 대표 발의
- 2021년 8월   제21대 국회 박주민 더불어민주당 의원 평등에 관한 법률안 대표 발의
- 2021년 8월   제21대 국회 권인숙 더불어민주당 의원 평등 및 차별금지에 관한 법률안 대표 발의

1
트랜스젠더를
둘러싼 사건들

지금으로부터 20년 전. 밀레니엄(2000년)이 지나고도 1년
이 흐른 어느 날, 파격적인 수식어를 단 연예인이 등장했다.
트랜스젠더(transgender) 1호 연예인 하리수. 그의 등장은 당
시 사회에 큰 충격을 안겨주었다. 긴 생머리에 잘록한 허리,
큼직한 두 눈은 사회가 말하는 '예쁜 여자'의 모습 그 자체였
다. 과거 남성이었다던 그의 모습을 떠올리기는 쉽지 않았다.

하리수가 커밍아웃을 하고 대중 앞에 나온 지 꽤 많은 시간
이 지났다. 트랜스젠더란 단어가 한국 사회에서 어떻게 정의
되어 있을까 궁금했다. 국립국어원 홈페이지에 접속해 표준
국어대사전에서 '트랜스젠더'를 검색했다. 결과는 '없음'이었

다. 규범 표기 미확정 상태로 우리말샘[1]에만 등록되어 있었다.

트랜스젠더는 아직 국어사전에 정식으로 등재된 단어가 아니었다. 혹시 외래어라서 없는 걸까 의문이 들어 다른 비슷한 외래어들을 검색해봤다. 게이(gay, 동성애자를 달리 이르는 말. 최근에는 주로 남성 동성애자를 가리킨다.)와 레즈비언(lesbian, 여성 동성애자를 이르는 말. 고대에 여성의 동성애가 성행했다는 에게해의 레스보스섬과 관련지어 붙여진 이름이다.)은 표준국어대사전에 명사로 등재되어 있었다.

사전에 없는 존재. 이는 트랜스젠더를 이해하는 데에 한 가지 단초가 된다. 우리 주변에는 트랜스젠더가 있다. 수술을 통해 생물학적으로는 물론 법적으로도 성별 정정이 가능해졌지만 사회적으로 인정받는 일은 결코 쉽지 않아 보인다.

어느 트랜스젠더 군인의 죽음

2021년 3월 국회의사당 내 본청에 작은 추모 공간이 마련됐다. 생을 마감한 변희수 전 하사의 마지막을 함께할 수 있는 곳이었다. 베레모를 쓰고 '통일'을 외치던 변 전 하사의 모습이 아직도 생생한데 더 이상 그를 만날 수 없게 됐다.

변 전 하사는 어릴 때부터 군인이 꿈이었다고 한다. 군인이 되기 위해 부사관 특성화 고등학교를 찾아 진학했을 정도였다. 기갑병이자 전차 승무 특기로 임관한 후 부사관 생활을 이어왔다. 직업적 행복과는 무관하게 군 복무를 하면서 자신의 성별과 관련해서는 혼란스러운 상태였던 것으로 보인다.

2019년 그는 부대의 승인을 받고 휴가를 나와 마침내 태국에서 성전환 수술을 받았다. 성별은 달라졌으나 직업 군인으로서 소명을 이어가기를 바랐다. 그러나 군은 그를 받아주지 않았다. 육군은 변 전 하사가 성별 전환 수술 중 음경 상실과 고환 결손 등을 겪어 심신장애 3급에 해당한다는 판단을 내렸다. 강제 전역 처분이 가능한 등급이었다. 변 전 하사가 이에 불복하고 강제 전역 처분 취소 요청을 냈으나 이마저도 기각됐다. 다시 군인이 되기 위해 싸울 준비를 하고 있었던 그는 전역 처분 취소 소송 진행 중 세상을 떠났다.[2]

국가인권위원회는 2020년 12월 제20차 전원위원회를 개최해 변 전 하사에 대한 육군의 강제 전역 처분은 인권침해가 맞는다는 결정을 내렸다. 인권위는 조사를 통해 변 전 하사가 정상적인 절차에 따라 본인의 성 정체성과 수술에 관련된 사실을 상부에 보고한 뒤 수술을 받았다는 사실을 확인했다고 명시했다. 아울러 성 확정 수술을 받은 변 하사를 심신장애인으로 볼 법적 근거가 전혀 없으며 의학적 수술에 해당하는 성 확정 수술 과정에서 남성의 음경과 고환을 상실한 것이 기능장애, 기능 상실, 신체 훼손에 해당하지 않는다고 판단했다.

이런 결과를 바탕으로 인권위는 육군 참모총장에게 피해자 권리 원상 회복을, 국방부 장관에게 관련 제도 정비를 주문했다.[3] 그러나 군은 변 전 하사를 강제 전역시켰고 복직 요구를 외면했다. 그리고 변 전 하사는 다시 돌아오지 못할 곳으로 떠났다.

여대 입학을 포기한 이유

트랜스젠더를 두고 논쟁이 벌어진 곳이 군대 말고 또 있다. 이번엔 여대였다. 그동안 한국의 많은 여성들이 가부장적 사회에서 자신의 소수성을 주장하며 여권 신장을 외쳐왔다. 그런데 여성들로만 구성된 대학에서 트랜스 여성의 입학 반대를 주장하는 목소리가 나왔다. 의외의 논쟁의 아닐 수 없었다.

2020년 2월 숙명여자대학교 법학과에 합격한 한 예비 대학생이 교내 구성원들의 반발로 결국 입학을 포기했다. 이 학생의 경우 2019년 성별 전환 수술을 마치고 법적 성별 정정까지 했기에 서류상 어떤 부적격 사유도 없었다. 문제는 구성원들의 반발이었다.

자칭 '래디컬 페미니스트'들은 교내에 대자보까지 붙이며 입학을 반대했다. '여대는 생물학적 여성을 위한 공간인 만큼 입학에 반대한다'는 글이 온라인에도 많이 돌아다녔다. 그 글들이 온라인 기사로 소비되는 과정에서 조롱 섞인 댓글이 붙고 공격력이 커졌다. 결국 입학 등록 마감 시간 전 그 예비 대학생은 한 트랜스젠더 커뮤니티에 학교 등록을 포기한다는 글을 올렸다.

트랜스젠더 여성의 입학을 반대한 이들은 자신들의 안전이 위협받을 수 있다는 것을 이유로 들었다. 근거로는 해당 여대에서 여장을 한 남성이 돌아다녀 경찰에 체포되거나 마약을 소지한 남성이 화장실에서 발각되는 등 일련의 사건이 있었다는 것을 들었다.[4] 남성에게 느끼는 것과 비슷한 공포심이 트랜스젠더 여성에게도 든다는 주장으로 볼 때, 당시 입학을 반대한 학생들은 여장을 한 남성과 트랜스 여성을 동일시한 것으로 보인다. 이미 법적인 성별 정정을 마친 트랜스젠더 여성과, 화장실에 여장을 하고 숨은 남성을 동일시하는 것이 옳은가에 대한 의문이 남았다.

트랜스젠더는 누구일까?

트랜스젠더는 자신이 타고난 성별을 바꾸고 싶은, 혹은 이미 바꾼 사람이다. 정체성과 관련이 있어 성적 지향을 나타내는 게이나 레즈비언 등과 다르다. 여성에서 남성, 남성에서 여성이 되는 경우와, 폭넓게는 두 가지 성 모두에 해당하거나 둘 다 아니라고 보는 논바이너리(non-binary)도 여기에 포함된다.

트랜스젠더는 한때 질병으로 치부됐던 적이 있다. 세계보건기구가 지정하는 국제 질병 분류에 성 주체성 장애가 정신 및 행동 장애 범주에 있었던 탓이다. 그러나 세계보건기구는 30년 만인 2018년에 성 주체성 장애란 표현을 삭제하고 성별 불일치로 대체했다.[5] 또 성별 불일치 항목을 정신 및 행동 장애에서 성적 건강 관련 상태의 범주로 옮겼다.[6] 트랜스젠더의 성 정체성 자체가 문제가 아니라, 그가 처한 환경으로 인한 스트레스가 있을 수 있으므로 그에 대한 의료 지원이 필요하다는 점을 분명히 한 것이다.

트랜스젠더는 성적 지향과는 달리 '정체성'이기 때문에 상대적으로 숨기기가 어렵다. 무엇보다 생물학적 성이 자신이 인지한 성별과 다르다는 점을 깨닫기 전까지는 이전 성별에 맞춰서 살아왔을 터이다. 트랜스젠더는 어느 순간 자신이 살아온 과거와 모두 단절해야 하는 위기를 맞게 된다. 그에 따른 문제가 적지 않지만 변 전 하사의 사례에서 보듯, 트랜스젠더 혼자서 견뎌내야 한다.

트랜스젠더는 그냥 '나'이고 싶은 사람이다. 포장된 여성다움, 남성다움이 아닌 '나다움'을 찾는 과정에 놓인 사람이다. 개인의 자유를 인정하지 않을 권리가 타인에게는 없다.

아직도 우리 곁에 있는 트랜스젠더의 일상을 보고 듣기란 쉽지 않다. 전국에 트랜스젠더가 몇 명 있는지 공식적인 통계조차 없다는 사실에서 잘 드러난다.

배제라는 손쉬운 방식

한국 사회는 소수자 문제에 있어 언제나 '배제'라는 가장 쉬운 방식을 택해왔다. 트랜스젠더 역시 마찬가지다. 성별 정정이 가능해진 것은 20여 년 전부터다. 최근에는 성전환 수술을 하지 않아도 성별 정정을 확정받는 사례도 있었다.[7] 그러나 법률상으로 바뀐 성별이 곧 사회에서 인정받게 되는 것은 아니다. 이는 성별 정정을 잘 하지 않는 현실과 맞닿아 있다.

4장. 소수자 인권과 차별금지법

국가인권위원회가 2021년 2월 9일 발표한 '트랜스젠더 혐오차별 실태 조사 결과'에 따르면 한국에서 거주 중인 만 19세 이상 트랜스젠더 591명이 참여한 설문 조사에서 응답자의 8.0%(47명)만 법적 성별 정정을 했고, 4.7%(28명)가 현재 법적 성별 정정 절차를 진행 중이다. 대부분은 법적 성별 정정을 시도한 적이 없다고 답했다.

　그 이유로는 성전환 관련 의료 조치에 드는 비용 때문이 58.9%로 가장 많았고 복잡한 법적 절차(40.0%), 성전환 관련 의료적 조치에 따른 건강상 부담(29.5%)이 그 뒤를 이었다. 수술부터 법적인 책임까지 트랜스젠더 혼자서 해결해야 하기 때문에 결코 쉬운 일이 아니다.

　성별 정정을 했더라도 지금과 같은 사회적 분위기 속에서는 그런 시도가 한순간에 무의미해지기도 한다. 트랜스젠더는 과거의 자신과 한순간에 단절할 수 없기에 숱한 차별과 혐오를 혼자서 견뎌내야 한다. 변 전 하사처럼 성별이 바뀌었다는 이유로 직장에서 쫓겨나야 하는 경우도 생긴다. 그러나 구제 조치는 그 어디에도 없다.

2
동성혼과
가족이라는 꿈

사례 1. A 씨와 B 씨는 와인 동호회에서 처음 만났습니다. 취미도 같고 관심사도 비슷했던 두 사람은 얼마 지나지 않아 연인 관계로 발전했습니다. 말도 잘 통하고 결혼 적령기에 가까워졌던 두 사람은 서로에게 정착할 수 있을까 진지하게 고민을 했습니다. 오랜 대화 끝에 두 사람은 결혼하기로 결정합니다.

서로의 부모님께 인사를 드렸습니다. 예식장을 예약하고 둘이 함께 살 집을 보러 다녔습니다. 혼인신고를 하고 나면 신혼부부 특별공급을 알아볼 참입니다. 물론 당첨은 어려우니 현실적으로는 신혼부부를 위한 전세 자금 대출도 확인해야죠.

사례 2. C 씨와 D 씨는 영화 동호회에서 처음 만났습니다.

4장. 소수자 인권과 차별금지법

취미도 같고 관심사도 비슷했던 두 사람은 얼마 지나지 않아 연인 관계로 발전했습니다. 말도 잘 통하고 결혼 적령기에 가까워졌던 두 사람은 서로에게 정착할 수 있을까 진지하게 고민을 했습니다. 오랜 대화 끝에 두 사람은 결혼하기로 결정합니다.

부모님께 인사드리는 것은 생략했습니다. C 씨 부모님의 반대가 심했거든요. 그래도 예식장을 예약하고 둘이 함께 살 집을 보러 다녔습니다. 전세 자금 대출을 받아 볼까도 생각했지만 집을 누구의 명의로 할지부터가 애매해졌습니다.

A·B 커플과 C·D 커플은 함께 살 집을 구할 때 왜 서로 다른 고민을 했을까? 성별 때문이다. C·D 커플의 사례는 우리나라에서 동성혼 커플이 처한 현실을 보여준다. 우리나라에서 동성혼은 사회적으로나 법적으로 인정받지 못하고 있다. 그렇기 때문에 당연한 권리를 누리지 못하고 배제되는 경우가 많다.

예를 들면 9억 원 이하 아파트 청약 제도에는 '신혼부부 특별 공급'이 있다. 결혼한 지 몇 년 안 된 부부가 받을 수 있는 특별 혜택이다. 혼인관계증명서 신고일 기준 7년 이내일 경우 신청할 수 있다.

신혼부부 전세 자금 대출도 마찬가지다. 전세 자금이 부족한 신혼부부에게 연 1.2~2.1%의 금리로 대출을 해주는 제도가 있다. 하지만 주택도시기금 신혼부부 전용 전세 자금 대출 제도 역시 혼인 기간 7년 이내 또는 3개월 이내 결혼 예정자를 대상으로 한다. 동성 커플들은 혼인신고를 애초에 할 수 없으니 이러한 혜택에서 소외된다.

서울시는 2020년 사실혼 관계에 있는 커플들에게도 전세 자금을 대출해주겠다고 발표했다. 당시 취재차 서울시 측에 "동성 커플도 가능하냐"고 물었으나, "아직은 어렵다"는 답변을 받았다. 서울시가 마련한 '신혼부부 임차보증금 지원사업 FAQ'를 보면 재혼까지도 관련 혜택을 받을 수 있지만, 동성혼은 제외돼있다.

사회적 합의라는 핑계

많은 사람이 동성애 자체보다도 동성혼을 더욱 '반대'한다. 동성애 관련 단체 관계자들은 "국가는 동성애자들이 국민으로서 의무를 다하지 않는다고 생각한다"라고 전했다. 동성 커플이 생물학적으로 재생산이 어렵다는 이유에서다. 둘의 결

4장. 소수자 인권과 차별금지법

합이 1+1=0으로 종료된다는 판단이다. 국가 입장에서는 동성혼이 늘면 세금을 낼 사람이 줄어들어 손해다. 국가는 세금을 위해서라도 부모와 자녀로 이루어진 '정상 가족'을 필요로 했고, 국민들도 이러한 구성이 가장 이상적인 가족의 형태라 믿도록 길들여졌다.

사실 동성애와 동성혼 이슈는 제대로 논의된 적이 없다. '사회적 합의가 아직 부족하다'는 말로 늘 미뤄져 왔다. 이런 사회적 합의를 도출해내기 위해서는 이슈에 대해 더 많이 얘기하고 적극적인 공론의 장이 선행적으로 마련되어야 마땅하다. 그런데 동성애와 관련된 논쟁은 언제나 선후 관계가 바뀌었다.

한국에서 민법상 혼인에 관한 규정을 보면 어디에도 동성혼이 안 된다는 직접적인 조항이 없다. 민법 제3장 혼인, 제2절 혼인의 성립, 제3절 혼인의 무효와 취소, 제4절 혼인의 효력에 이르기까지 어디에도 동성이라서 안 된다는 문장은 없다. 중혼이나 근친혼이 안 된다는 것만 법적인 규정이 있다. 그렇다고 현실에서 혼인신고서를 통해 법적 부부로 인정받을 수 있는 것은 아니다. 아직까지 동성애 커플의 혼인신고서가 수리된 경우는 단 한차례도 없었다.

오히려 상업적 측면에서 '커플'의 실질적 부부 관계가 먼저 인정되었다. 캐나다에서 혼인신고를 한 동성 커플이 국내 항공사 마일리지를 합산했다거나, 국내에서 한 레즈비언 커플이 어렵지 않게 웨딩 촬영을 하고 예식을 올렸다는 얘기를 들을 수 있다.

보이지 않는 곳에 있으라니요?

2021년 서울시장 보궐선거에서 한 후보는 '퀴어 축제를 보지 않을 권리'를 주장했다. 퀴어 축제를 보고 싶지 않을 사람의 권리가 중요하다고 했다.[8]

퀴어 축제는 우리나라에서만 열리는 행사가 아니다. '프라이드 퍼레이드(Pride Parade)'라고도 불리며 전 세계적으로 열린다. 미국 뉴욕에서 처음 시작했으며 성 소수자들의 자긍심을 높이고 권리를 인정받기 위해 벌이는 행진이다.

1970년 6월 28일, 미국 뉴욕 센트럴파크와 의회 등 도심 한복판에서 시작됐으며 1년 전 경찰이 성 소수자들이 모이는 술집 '스톤월인'을 급습해 동성애자들을 체포하자 시민들이 저항했던 항쟁을 기념한 것이다. 우리나라에서는 2000년 서울에서 처음 열렸다. 이후 대구, 부산, 제주, 전주, 인천, 광주, 경남, 청주 등에서 매년 개최됐다.[9]

동성연애는 자유라면서도 내 눈에 보이지 않게 있으라는 말은 참 기만적이다. 보고 싶지 않으면 축제가 있는 날 현장에 가지 않으면 된다. 그런데도 저런 말을 내뱉는 것은 성 소수자에 대한 명백한 차별이다. 더욱이 서울시장에게는 시민의 광장 사용을 제한할 권한이나 권리가 없다. 광장을 이용하고 싶은 시민은 누구나 서울시 홈페이지에서 시설사용 신청서를 내면 된다.

'보지 않을 권리'와 같은 말이 위험한 것은 당사자를 좌절케 하고 더 움츠리게 만들기 때문이다. 목숨이 위태로운 상황에서도 성 소수자들은 자신의 정체성을 쉽게 드러내지 못한다. 실제로 2020년 신종 코로나바이러스감염증-19가 서울 이태원 한 클럽에서 번져나갈 때 아웃팅(자신의 의지와 관계없이 성 정체성이 드러나는 것)이 두려워 검사를 받지 못한 성 소수자들이 많았다고 한다.

누군가를 보이지 않게 치워버릴 수 있다는 말은 그 자체로 폭력이자 권력이 된다. 그래서 나쁜 정치인들은 혐오를 권력의 수단으로 썼다. 유대인을 집단학살한 독일 나치처럼 소수자들을 낙인찍고 가혹한 격리 조치로 공포감을 조성하여 자신의 권력을 과시하는 것이다.

제주퀴어축제 위원장이었던 고(故) 김기홍 씨는 자신의 SNS에 올린 마지막 글에 다음과 같이 썼다. "우리는 보이지 않는 시민이다. 보고 싶지 않은 시민을 분리하는 것 자체가 모욕이다."

가족을 구성할 권리

동성연애자들은 사회 구성원으로서 누릴 수 있는 권리를 일부 포기해야 하며 자신의 정체성이 드러나 일상이 무너질까 두려워해야 한다. 어쩌면 이성애자들은 이성 연애를 한다는 이유로 정책적 특권을 누리고 있는 건 아닐까? 동성혼에 대한 논의가 본격적으로 이뤄져야 한다. 사회적 합의가 이루어지지 않아서라는 말은 더 이상 변명이 되지 않는다.

2019년 여성가족부가 '가족 다양성에 대한 국민 인식 조사'를 한 결과, 응답자의 69.7%가 혼인이나 혈연관계가 아니더라도 생계와 주거를 공유하면 가족이 될 수 있다고 답했다. 함께 거주하거나 생계를 공유하지 않아도 정서적 유대를 가진 친밀한 관계라면 가족이 될 수 있다는 비율은 39.9%로 나타났다. 법적인 혼인, 혈연으로 연결되어야만 가족이라고 할 수 있다는 비율은 64.3%로 작년보다 3.0%p 하락했다.

가족의 개념은 점점 다양해지고 있으며, 그 결합 방식도 다변화하고 있다. 동성혼으로 결합된 부부도 가족의 한 형태가 충분히 될 수 있다고 생각한다.

또한 동성혼 합법화는 가부장적인 결혼제도의 낡은 관습들을 타파하는 계기가 될 것이다. 남성과 여성의 결합으로 남성은 '바깥일'을, 여성은 '집안일'을 해야 했던 성차별적인 구분이, 이를 통해 허물어질 것으로 기대한다. 동성혼 가족 안에서는 최소한 생물학적 성에 따른 차별이 없기 때문이다.

3

군대와 여성,
그리고 징병제

2021년 5월 14일 여성 의무 군복무에 관한 병역법 개정 청원이 10만여 명의 동의를 받아 소관위원회인 국방위원회 및 관련 위원회인 여성가족위원회에 회부됐다. 청원을 올린 지 한 달도 되지 않은 시점이었다.

국회 국민 동의 청원 중 청원 번호 2100042호에 따르면 청원인 조 모 씨는 "인구 감소로 군 병력이 줄고 있기 때문에 여성의 군 복무를 선택이 아닌 의무로 개정해야 한다"라고 취지를 밝혔다. 청원의 이유에 대해서는 "군대 머릿수를 채우려고 몸이 불편한 남성들까지도 군대에 보내려고 한다. 2013년부터 군대 현역 판정률이 90% 이상이다. 군대가 질적으로 괜찮겠느냐"라고 반문하며 "몸이 아픈 남성들보다 건강한 여성이 전쟁에서 전투병으로서의 적합도가 더 높다. 또 여자들은 군 복무도 안 할뿐더러 국방세도 내지 않는다. 대한민국 건국일인 1948년 8월 15일부터 지금까지 (여성이) 병역의 의무를 유예했다"라고 주장했다.

인구 감소 문제를 지적하며 징병제로 인한 국방력 약화를 우려한 점은 일견 타당하다고 본다. 그러나 여성 징병제를 주장하는 논리가, 징병제로 인해 남성이 받고 있는 불합리한 대우를 여성도 받아야 한다는 식으로 전개되는 점은 문제적이다. 군대에 징병되어야 하는 20대 남성들은 비난의 화살을 엉뚱하게도 여성에게 돌려왔다.

징병제는 왜 문제인가

헌법상 국방의 의무가 있는 대한민국 국민 중 남성은 병역법에 따라 병역 의무를 수행해야 한다. 같은 법에 따르면 여성은 지원에 의하여 현역 및 예비역으로 복무할 수 있다.

징병제의 역사는 광복 직후로 거슬러 올라간다. 미군정하에 국방경비대로 존재하던 우리나라 군은 1948년 정부 수립 후 국군으로 전환됐다. 이때 대통령령으로 '호국병역에 관한 임시조치령'에 의해 의용병제가 채택됐다. 그러다 8개월 후인 1949년 8월 6일 최초의 병역법이 공포되었고, 징병제를 원칙으로 하면서 지원제를 보충적으로 병용하는 병역제도가 실시됐다.

그러나 6·25 전쟁이 터지면서 이 제도는 실효를 거두지 못했다. 전쟁 기간 중 병역 수요는 1950년 12월 제정된 '국민방위군설치법'에 따라 17세 이상 40세 미만 남자를 국민방위군으로 소집하는 방법으로 충당했다. 종전 후 1957년 병역에 대한 새로운 법이 공포되고 구체적인 사항들이 손질되며 변해왔지만, 처음 공포된 병역법 핵심 내용인 '대한민국 남자의 병역 의무' 사항은 변하지 않고 있다. 만 18세가 넘으면 남성은 무조건 입영 예정자가 된다.[10]

이처럼 전쟁을 전후로 만들어진 병역법은 70년이 지났지만 예나 지금이나 크게 변하지 않았다. 복무 기간이 단축되고 병영 생활 일부분이 개선되어왔지만 성인 남성이 군대를 간다는 사실은 그대로다.

그러나 군대를 가야 하는 젊은 남성들의 인식은 크게 바뀌었다. 지금의 20대들은 과거의 남성들처럼 나라를 지키기 위해 군대를 꼭 가야 한다고 생각하지 않는다. 나라를 지킨다는

4장. 소수자 인권과 차별금지법

명목을 70년 전과 같이 군대라는 수단으로만 유지하는 현실을 납득하기도 어려워졌다.

한국여성정책연구원이 발표한 「2019 변화하는 남성성을 분석한다」에 따르면, 전국 만 19~59세 남성 3천 명을 대상으로 온라인으로 조사한 설문에서 '군대, 가능하면 안 가는 것이 좋음'이란 질문에 20대 남성 82.6%가 동의했다. 50대는 절반(51.8%)만 그렇다고 답했다. '군 복무는 시간 낭비'란 항목에는 20대의 68.2%가 그렇다고 대답했다. 30대는 52.8%, 40대는 47.7%, 50대는 33.8%로 세대가 높아질수록 '시간 낭비가 아니다'라고 봤다.

변해야 하는 것은 군대다

남성만 의무적으로 군대를 가야 한다는 점에서, 징병제 논쟁은 언뜻 젠더 갈등처럼 비친다. 그러나 사실은 국가와 사회 지도층에게 징병제가 왜 지금까지 변하지 않고 유지되어 왔는지를 따져 물어야 할 사안이다. 국방의 의무를 다하라고만 다그치는 국방부 혹은 정부, 국가에 공식적으로 문제 제기를 해야 한다는 것이다.

현실에 맞는 군 복무란 무엇일까? 모병제가 대안이 될까? 답을 선뜻 내기는 어렵다. 이제는 국민을 대표해 제도를 고치고 법을 만들 수 있는 정치권이 치열하게 논의해야 할 때다. 징병제를 젠더 문제로만 치환하는 것은 생산적인 논쟁을 차단할 뿐이다. 현실에 맞는 군 복무 제도 개선은 의무 복무하는 군인들에 대한 존중과 예우로도 이어질 수 있다.

또한 20대 남성들은 한창 취업 전선에 뛰어들어야 할 나이에 입대 문제와 씨름하면서 '취업 경쟁에서의 역차별'이 발생한다고 주장한다. 일부 남성들은 성별 임금격차를 바로잡기 위해 개정되는 법들이 여성들만 보호하기 위한, 남성을 배제한 정책이라고 주장한다. 군대를 가지 않는 여성이 마치 국가로부터 혜택을 받는다고 여기는 것이다.

하지만 그렇지 않다. 관련 제도들은 단순히 '여성'의 비율이라고 고정하지 않고 있다. 특정된 한 성의 비율을 조절하기 위한 정책이기 때문에 남성들도 궁극적으로는 혜택을 받을 수 있다. '양성평등 채용목표제'가 대표적인 예다.

인사혁신처가 발표한 2019년 국가공무원 9급 공채 최종 합격자는 5,067명이었다. 이때 양성평등 채용목표제가 적용되어 교육행정, 직업상담, 출입국관리, 일반토목, 일반기계 등 14개 모집 단위에서 남성 38명, 여성 24명 등이 추가로 합격했다. 혜택을 받은 성별은 남성이 14명 더 많았다.

남자들의 페미니즘 글쓰기 수업

20대 중반부터 30대 초반에 이르는 남성들이 모여 페미니즘 글쓰기를 한다고 해서 취재차 방문한 적이 있다. 그들과 수업 시작 전 잠깐 인터뷰를 갖고 이야기를 나누었다.

여자 친구와 대화를 하다 보면 어떤 벽 같은 것이 느껴졌다는 한 남성은 이 수업을 들으면서 자신이 일상생활에서 미처 깨닫지 못한 특권들을 누리고 있었음을 알게 되었다고 했다. 그는 설거지를 예로 들었다. 그에게는 누나가 있는데 자신은 남자라서 설거지 같은 가사 노동을 하지 않아도, 즉 가만히 있어도 되는 '특권'이 있었다고 한다.

또 다른 이는 남자라서 강요받아야 했던 것들에서 자유로워졌다고 했다. 섬세한 그의 취향을 아버지가 늘 무시했는데 페미니즘을 통해 벗어날 수 있었다고 했다. 더 이상 남자라는 기준으로 평가당하지 않아 자유롭다고 강조했다.

자괴감을 느꼈다고 고백한 참석자도 있었다. 그는 친구들과 친해질 때 보통 여성을 성적 대상화해서 말하는 것이 일상

이었는데 문득 내가 여자였으면 지금 하고 있는 말들을 다 하고 살았을까 회한이 들었다고 말했다.[11]

페미니즘은 단순히 여성들만을 위한, 여성들의 명제가 아니다. 성차별주의를 끝내기 위한 이론이자 가부장제를 타파하는 운동이다. 남성들도 이를 함께 받아들여 사회적 낡은 관습에 도전해 나간다면 한국 사회는 더 평등한 방향으로 나아갈 수 있을 것이다.

4장. 소수자 인권과 차별금지법

4
혐오 표현의 문법

한국언론진흥재단에서 진행한 '혐오 사회를 극복하기 위한 저널리즘의 역할: 소수자, 약자, 젠더 보도' 강좌가 거의 끝날 무렵, 강연자와 자유로운 질의응답 시간을 가졌다.

한 기자가 이런 질문을 했다. "'맘충'이란 단어가 왜 심한 차별의 표현인지 모르겠어요. 식당에서 아이가 시끄럽게 뛰어다니게 놔두는 건 그 아이 엄마의 책임이 크지 않나요? 그래서 그런 말을 듣는 게 당연하잖아요."

순간 뒤통수를 한 대 얻어맞은 것 같았다. 세상에나, 맘충 소리를 듣는 게 당연하다니. 맘충은 엄마와 벌레를 합친 단어로 혐오 표현이다. 여러 생각들이 스쳐 지나갔다. 나에게 직접적으로 한 말도 아니었지만 일단은 자괴감이 들었다. 아이를 데리고 식당에 갔다가 조금만 소란스럽게 해도 나 역시 누군 가에게 맘충이 될 수도 있다는 생각이 들었다.

질문을 했던 기자는 왜 유아를 동반한, 본인과는 다른 상황에 있는 사람을 이해하기보다는 싫다, 불편하다, 같이 있고 싶지 않다는 생각을 했을까? 물론 그가 아이를 동반한 여성을 볼 때마다 그런 생각을 하진 않았을 것이다. 그렇다 하더라도 누군가를 혐오 표현으로 부르는 것은 바람직하지 않다.

그 기자와 같은 생각을 하는 사람들이 많아지면서 육아하는 여성과 어린이에 대한 편견은 아예 대놓고 '노키즈존'이라는 차별 형태로 나타났다. 육아하는 사람과 아동은 들어올 수 없는 배제 공간이 공식적으로 만들어진 것이다.

어린이는 성인에 비해 다소 시끄럽고 행동 조절이 잘되지 않는다. 어른처럼 한자리에 오래 앉아 있기도 어려워하고 자신도 모르게 큰 웃음소리를 내거나 울음을 터트리기도 한다. 새로운 장소를 돌아다니며 탐색하는 것도 좋아한다. 하지만 어린이의 이런 모습을 자연스러운 성장 과정으로 받아들이고 어른으로서 인내해 주는 대신, 출입 금지를 내세우는 것이 과연 옳은 일일까?

식당 하나 못 가게 하는 것으로 호들갑이냐고 반문하는 사

람들도 있을 것이다. 특권을 누리는 사람은 모르겠지만 배제
를 경험한 사람들은 알 것이다. 사소한 차별은 없다.

혐오가 되기까지

'맘충'이란 단어가 혐오 표현인 이유는 성별과 나이 등이
다른 대상 집단을 비하하는 한편, 단어 자체가 재생산되면서
차별이 정당화되기 때문이다.

국가인권위원회가 만든 「혐오 표현 리포트」에서 언급된 '혐
오 표현(hate speech)'의 개념은 성별, 장애, 종교, 나이, 출
신 지역, 인종, 성적 지향 등을 이유로 어떤 개인·집단에게 모
욕·비하·멸시·위협 또는 차별·폭력의 선전과 선동을 함으로
써 차별을 정당화·조장·강화하는 효과를 갖는 표현이다.[12]

혐오는 단순히 싫거나 미워하는 감정을 넘어서 편견을 토
대로, '다르다'는 차이를 차별로 구분 짓고 구체적인 언어나
행동으로까지 이어진다. 맘충이나 노키즈존처럼 일상에서 마
주하는 혐오도 있고, 제2차 세계대전에서 유대인 대학살을
일으킨 '홀로코스트'까지 그 범주가 넓다. 최근에는 코로나바
이러스감염증-19 여파로 미국과 유럽 등지에 사는 아시아계

사람들에 대한 혐오 사건이 급증했다.

혐오는 범죄로 이어지기 때문에 위험하다. 우리나라에서는 2016년 5월 서울 서초구 강남역 인근에서 발생한 살인 사건으로 혐오 범죄의 심각성이 드러났다. 조현병을 앓고 있던 한 남성이 강남역 근처에 있는 남녀 공용 화장실에 숨어 있다가 한 번도 본 적 없는 여성을 살해한 사건이다. 당시 가해 남성은 여성이 들어오기를 기다리며 그 전에 들어온 남성들은 그냥 보낸 사실이 알려지면서 '묻지 마 범죄'가 아닌 여성 혐오 범죄란 주장이 더 설득력을 얻었다.

사건 이후 여성 혐오 문제는 사회 의제가 됐다. 서울시여성가족재단이 '빅 카인즈(언론진흥재단이 운영하는 뉴스 빅데이터 분석 시스템)'를 통해 2010년 1월부터 2019년 8월 2일까지 기사를 검색한 결과, 2016년 5월 여성 혐오를 키워드 한 기사는 524건으로 직전 4월 22건과 비교해 폭발적으로 증가했다.[13] 그리고 많은 여성이 "'강남역 사건' 이전으로 돌아갈 수 없다"라고 말하기 시작했다. 강도의 차이는 있지만 여성 혐오에 저항하는 모습을 보이기 시작한 것이다.[14] 이런 움직임이 적극적인 형태를 띨수록 오히려 반발하고 이들에 대항하기 위한 세력도 가시화되는 경향도 보이고 있다.

페미니즘 백래시

최근 '페미니즘 백래시(Backlash)'가 대두되고 있다. 백래시는 사회적·정치적 변화에 대한 반발 심리 및 행동을 이르는 말이다. 주로 기득권층의 영향력이 약해질 때 나타나는 반발을 의미한다.[15] 여성 혐오가 사회 문화 전반에 걸쳐져 있는 감정의 기저 차원이라면, 페미니즘 백래시는 강한 저항 수단이다. 페미니즘 백래시는 페미니즘에 반대하는, 즉 성평등에 반하는 흐름이다.

2021년 한 개그우먼이 남성 인형을 대상으로 한 행위가 '성희롱'에 해당한다며 정보통신망법상 불법 정보 유통 혐의로 고발돼 경찰 수사를 받았다.

이 개그우먼은 남성 인형의 옷을 갈아입히는 과정에서 인형 팔을 사타구니 쪽에 넣는 행위 등을 했다. 해당 영상 방영 뒤 '여성 성희롱'이란 타이틀로 연일 이를 비난하는 보도가 이어졌다. 한 시청자가 경찰에 고발장을 제출하면서 수사가 진행됐다. 영상이 삭제되고도 악의적인 댓글과 항의는 끊이지 않았다. 결국 경찰 수사 결과가 나오기 전에 해당 프로그램은 폐지됐다.

두 달여간의 조사 끝에 이 사건은 '혐의 없음'으로 종결됐다. 서울 강북경찰서는 지난 6월 28일, 정보통신망법상 불법 정보 유통 혐의를 받은 해당 개그우먼을 불송치하기로 했다고 밝혔다. 경찰 관계자는 "음란행위를 한 것으로 볼 수 없다"라고 했다.[16]

이번 사건은 해당 영상에서 개그우먼이 유튜브에서 한 행위가 '음란한 영상 등의 배포·전시'로 볼 수 있는지가 핵심이었다. 만약 음란한 영상을 유통했다고 판단되면 형사처벌이 가능하다. 정보통신망법 제44조 7(불법 정보의 유통 금지 등)에 따르면 음란한 부호·문언·음향·화상 또는 영상을 배포·판매·임대하거나 공공연하게 전시하는 내용의 정보를 정보통신망을 통해 유통한 경우 1년 이하 징역 또는 1천만 원 이하 벌금에 처하도록 규정하고 있다.

그러나 경찰은 영상 속 개그우먼의 언행을 음란행위로 볼 수 없다고 판단했다. 경찰은 해당 사건을 불송치한 근거로 대법원 판례를 예로 들었다.[17] 대법원 판례 등에서 '음란'은 단순히 저속하다거나 문란한 느낌을 주는 정도를 넘어 사람의 존엄성과 가치를 심각하게 훼손·왜곡하였다고 평가할 수 있을 정도로 노골적인 방법에 의해 성적 부위 등을 적나라하게 표현 또는 묘사하는 것으로 되어 있다.[18] 개그우먼 성희롱 논

　　　　　　　　4장. 소수자 인권과 차별금지법

란의 경우 음란 영상물이 아니므로 정보통신망법에 따른 불법 정보 유통 혐의도 성립하지 않게 됐다.

어쩌면 '해프닝'으로 끝날 일 아니었을까. 물론 개그우먼의 행위에 불쾌감을 느꼈을 수 있지만 경찰 수사로까지 이어진 것은 페미니즘 백래시 바람을 타고 사건 자체가 확대 재생산된 건 아닌가 하는 의심이 든다.

5
차별금지법을
향한 노력

2006년 7월 국가인권위원회는 당시 국무총리에게 차별
금지법 입법 추진을 권고했다. 인권위는 입법 권고 배경으로
"차별은 개인의 기본권을 저해하고 사회 갈등의 주요 요인의
하나로 작동한다"라며 "차별 피해자의 다수가 우리 사회의 약
자인 경우가 많기에 차별에 관한 적극적인 구제로 이들의 인
권 보호뿐만 아니라 더 나아가 국민 전반의 인권 향상을 도모
해 사회통합의 과제를 실현해야 한다"라고 밝혔다.[19]

이를 토대로 2007년 10월 2일 법무부는 차별금지법 제정
안을 입법 예고했다. 차별금지법안을 제정함에 있어 국민에
게 미리 알리고 이에 대한 의견을 듣는 행정절차법 제41조에
따른 규정이었다.

법제처 '공고번호 제2007-106호 차별금지법 입법예고안'
에 담긴 주요 내용은 합리적인 이유 없이 성별, 장애, 병력, 나
이, 출신 국가, 출신 민족, 인종, 피부색, 언어, 출신 지역, 용
모 등 신체 조건, 혼인 여부, 임신 또는 출산, 가족 형태 및 가
족 상황, 종교, 사상 또는 정치적 의견, 범죄 및 보호처분 전
력, 성적 지향, 학력, 사회적 신분 등을 이유로 고용, 재화·용
역 등의 공급이나 이용, 교육기관의 교육 및 직업훈련, 법령
과 정책의 집행에 있어서 개인이나 집단을 분리·구별·제한·
배제하거나 불리하게 대우하는 행위를 차별로 규정하고 이를
금지한다는 것이다. 당시의 차별 금지의 조항들을 모두 밝힌
것은 실제 법안에 담기는 항목들과 비교해보기 위함이다. 국
가인권위원회 권고와는 달리 실제 발의된 법안을 보면 몇 가
지 항목이 빠지게 된다.

입법예고 후 약 두 달 뒤인 12월 12일 정부는 차별금지법
을 발의했다. 국회 의안정보시스템을 통해 살펴본 차별금지
법의 주요 내용은 성별, 연령, 인종, 피부색, 출신 민족, 출신
지역, 장애, 신체 조건, 종교, 정치적 또는 그 밖의 의견, 혼인,
임신, 사회적 신분, 그 밖의 사유 등이다.

앞서 입법 예고안과 비교해보면 병력, 출신 국가, 성적 지
향, 학력, 가족 형태 및 가족 상황, 언어, 범죄 및 보호처분 전

력 등 7개 항목이 빠졌다. 이 단어들은 '그 밖의'라는 단어로 축약되며 사라졌다. 어떤 차별은 금지되어서는 안 된다는 일부 세력의 주장에 밀린 것이다. 법안이 공개된 당시, 오히려 차별할 수 있는 사유를 구분한 것 아니냐는 비난이 쇄도했다.

폐기, 폐기, 또 폐기

차별금지법은 10여 년에 걸쳐 발의와 폐기를 반복했다. 2008년 1월, 노회찬 민주노동당 의원 등 10인은 차별금지법을 발의했다. 국회 의안정보시스템에서 검색을 통해 당시 노 의원이 발의한 의안 전문을 볼 수 있다. 그러나 17대 국회 임기가 만료되면서 법안은 자동으로 폐기되었다. 이후 2011년 권영길 통합진보당 의원 등 10인, 2012년 김재연 통합진보당 의원 등 10인이 다시 차별금지법을 발의했으나 모두 임기 만료로 폐기되었다.

2013년 김한길 민주통합당 의원 등 51인, 최원식 민주통합당 의원 등 12인이 발의한 차별금지법안은 2013년 4월 24일 발의된 지 약 두 달 만에 철회된다. 차별금지법이 임기 만료 폐기가 아닌 자진 철회된 경우는 두 법안이 처음이었다.

당시 기사 보도에 따르면 김한길 의원과 최원식 의원 측은 "법안 발의 이후 기독교 일부 교단을 중심으로 항의 전화가 빗발쳐 업무를 제대로 보기 어려울 지경"이라면서 "일단 제정안을 철회할 방침"이라고 밝혔다.[20]

당시 김 의원의 법안에는 문재인 대통령을 포함해 이낙연 전 국무총리, 추미애 전 법무부 장관 등도 공동 발의자로 이름을 올렸다. 왜 그들은 당시 보수 기독교 세력의 저항에 그렇게 쉽게 무릎을 꿇었을까? 국민의 대표인 국회의원들이 저항조차 해보지 않은 것 같아 아쉬움이 많이 남는다.

평등법이 발의되기까지

그렇게 시간은 흘렀고 2020년, 차별금지법은 다시 한번 우리 사회에 도전장을 내밀었다.

장혜영 정의당 의원 등 10인은 2020년 6월 29일 차별금지법안을 발의했다. 차별 사유의 판단 기준으로는 성별, 장애, 나이, 언어, 출신 국가, 출신 민족, 인종, 국적, 피부색, 출신 지역, 용모 등 신체 조건, 혼인 여부, 임신 또는 출산, 가족 및 가구의 형태와 상황, 종교, 사상 또는 정치적 의견, 형의 효력이 실효된 전과, 성적 지향, 성별 정체성, 학력, 고용 형태, 병력 또는 건강 상태, 사회적 신분 등 23가지다.

이러한 직접 차별 사유는 고용, 재화·용역, 교육·직업훈련, 행정이라는 네 가지 영역에 적용된다. 법이 통과되면 특히 고용 분야에서 가시적으로 많은 변화를 불러일으킬 것으로 예상된다. 이 차별금지법에서는 고용을 모집, 채용 단계부터 정년, 퇴직, 해고 등 구체적 형태로 나타냈다. 일터에서 빈번하게 발생하는 성희롱이나 괴롭힘에 대한 차별 금지도 명시해 놓았다.

마침내 집권 여당에서도 차별금지법과 골자를 같이 하는 법안을 냈다. 2021년 6월 16일 이상민 더불어민주당 의원은 '평등에 관한 법률안(이하 평등법)'을 발의했다. 24명의 국회 의원이 이 법안에 동의했다. 국회 의안정보시스템 검색 정보에 따르면, 평등법은 차별금지법과 마찬가지로 차별 금지 사유로 성별, 장애, 병력, 나이, 출신 국가, 출신 민족, 인종, 피부색, 출신 지역, 용모·유전정보 등 신체 조건, 혼인 여부, 임신 또는 출산, 가족 형태 및 가족 상황, 종교, 사상 또는 정치적 의견, 전과, 성적 지향, 성별 정체성, 학력, 고용 형태, 사회적 신분 등 21가지로 명시했다.

차별금지법과 비교하면 언어와 국적이 빠졌다. 또한 전과

부분에서는 차별금지법이 형의 효력이 실효된 전과인 반면 평등법은 전과로만 했다. 차별 사유는 차별금지법과 마찬가지로 고용, 재화·용역, 교육·직업 훈련, 행정·사법 절차 등 네 가지 영역에 적용된다.

　같은 해 8월 9일 박주민 더불어민주당 의원도 평등법을 발의했다. 의안정보시스템을 통해 보면 해당 법안은 복합차별 조항, 손해배상조항, 국가인권위원회 시정명령제도 등을 새롭게 추가했다. 연이어 31일 권인숙 더불어민주당 의원도 평등 및 차별금지에 관한 법률안을 냈다. 권 의원은 보도자료를 통해 "불교·천주교·원불교 등 주요 종단이 평등법 제정을 촉구하고 있고 개신교 안에서도 법 제정에 찬성하는 여론(42%)이 반대하는 여론(38%)보다 높다(한국기독사회문제연구원 인식조사, 2020.10)"면서 "평등법 제정을 염원하는 기독교인들이 있는데도 가짜뉴스 등으로 반대 진영의 목소리가 개신교 전체의 의견인 것처럼 과잉 대표되고 있다"라고 비판했다.

2021년을 차별금지법 제정 원년으로

　차별금지법에 이어 평등법까지 발의되면서 관련 법 제정에 대한 관심은 그 어느 때보다 뜨겁다. 차별금지법 제정에 관한 국민 동의 청원이 10만 명의 동의를 받아 소관 상임위인 법제사법위원회에 회부됐다. 반면 일주일 사이로 평등법 제정에 반대하는 국민 동의 청원도 10만 명을 넘어 같은 상임위로 전달됐다.[21] 관심만큼 논쟁도 뜨거운 법안인 셈이다.

장혜영 정의당 의원이 낸 법안은 지금까지의 차별금지법안보다는 진척이 있었다. 해당 법안은 2020년 9월 21일 제382회 국회(정기회) 제3차 전체회의에 회부되어 소관 위원회 심사를 거쳤다. 법안을 다른 의원들에게 소개하는 법제사법위원회 전체회의에서 장혜영 의원은 영국의 테레사 메이 전 총리와 만났던 일화를 소개한다.

장 의원이 언급한 바에 따르면 메이 전 총리는 2010년 우리나라의 차별금지법안과 유사한 포괄적인 차별을 금지하는 평등법이 영국에서 제정될 때 반대했다. 당시 그는 평등법을 "영국 역사상 최악의 법"이라고 혹평했다. 이런 반대에도 불구하고 영국에서 평등법은 제정·발효됐다.

그로부터 4년이 지난 2013년 메이 전 총리는 동성혼 허용 법안에 찬성했다. 평등법이 영국에서 시행된 후 조금씩 변화하는 사회를 보며 그의 가치관도 바뀐 것은 아닐까?

4장. 소수자 인권과 차별금지법

그리고 장 의원은 법사위 회의장에서 이렇게 말했다.

"오늘날 어떤 시민들은 여전히 그들이 가진 특정한 물리적·사회적·문화적인 특성을 이유로 정치·경제·사회·문화 등 필수적인 영역에서 그 특성을 갖지 않은 시민들은 상상할 수 없는 부당한 차별을 받습니다. 그런 차별 피해가 발생했을 때 피해를 입은 시민들을 제대로 보호할 수 있는 구체적인 실정법과 구제 수단은 아직 미비한 상황입니다. 합리적인 이유 없는 차별을 예방하고 차별 피해자를 보호 및 구제하며 개인에게 발생하는 복합적인 차별을 효과적으로 다룰 포괄적이고 실효성 있는 법안이 절실히 필요합니다. 또한 차별의 의미와 판단의 기준을 명확하게 하고 직접적인 차별뿐만 아니라 간접적으로 이루어지는 차별 역시 명확하게 함으로써 우리 헌법이 추구하는 민주주의와 평등의 가치 그리고 기본권 실현의 토대를 마련해야 합니다."

여전히 차별금지법에 반대하는 이들이 있다. 물론 이들 역시 차별을 옹호한다고 말하지는 않는다. 그런데 차별이 나쁘다고 생각하면서도 이를 금지하는 차별금지법을 반대하는 태도는 아이러니하다. 왜 어떤 차별은 금지되어서는 안 된다고 하는 것일까? 어떻게 정당한 차별이 있을 수 있을까? 차별금지법안이 또다시 폐기된다면 이러한 의문을 끊어낼 수 없다.

국가인권위원회가 발표한 국민 인식 조사에 따르면 누구도 차별로부터 자유롭지 못하다. '나 그리고 내 가족도 언젠가 차별을 하거나 당할 수 있다'는 생각에 10명 중 9명(90.8%)이 동의한다고 응답했다. '차별에 대한 대응 정책 차별 금지 법률 제정'도 찬성 비율도 88.5%로 나타났다.[22] 차별금지법은 최소한 이런 정도의 차별은 안 된다고 선을 긋는, 사회적으로 합의된 기준선이다.

대한민국 헌법 제10조에는 "모든 국민은 인간으로서의 존엄과 가치를 가지며, 행복을 추구할 권리를 가진다"라고 나와 있다. 마땅히 금지되어야 하는 차별을 그대로 두는 한 '모든 인간'이 동등한 존엄과 가치를 지닐 수는 없다. 헌법 제10조에는 이런 문장이 이어진다. "국가는 개인이 가지는 불가침의 기본적 인권을 확인하고 이를 보장할 의무를 진다."

이제 국가가 대답할 차례다.

일상의 모든 소수자와 함께

"아기 엄마처럼 안 보여요."

인생 최대의 몸무게로 터져버린 피부와 축 처진 뱃살은 옷에 가려져있으니 보일 리가 없겠지. 잠깐 생각에 빠져 뒤늦게 "네?" 라고 답하자, 그는 웃으며 '칭찬'이라고 말했다. 나의 외모를 비하하거나 비난할 의도는 분명 없는 말이었다. 말하는 사람도 자신이 아기 엄마라고 했다. 하지만 나는 그의 말에 즉각 반응했다. 아기 엄마 같은 생김새에 내가 얼마나 부합하는지 끼워 맞추기 시작했다.

대학교에 진학하고 취업 문턱을 넘을 때만 해도 여성이라는 이유로 차별받는다고 크게 체감하지 못했던 것 같다. 2012년 함께 입사한 동기 13명 중 7명이 여성이었다는 점은 이런 생각을 뒷받침해 주었다. 그런데 임신을 하고 출산을 하면서 나는 새로운 국면을 맞이했다. 임신을 한 뒤에야 비로소 알게 된 신체의 변화 과정은 과거처럼 일을 할 수 없다는 사실을 극명히 알려주었다. 누구나 겪을 수 있는 입덧인데 사람을 자주 만나야 하는 직업을 가진 나는 난감했다. 예전처럼 활동할 수 없는 몸이 되었지만 여전히 같은 환경에서 일해야 하는 나는 어떻게 해야 하는지

감을 잡을 수가 없었다. '힘들다'고 말하면 '유난스럽다'고 할까 봐 눈치도 많이 보였다.

　드라마 속 산모들처럼 다음 날이면 몸이 곧바로 회복될 줄 알았다. 분명 나보다 더 꼼꼼하게 준비하고 회복이 빠른 엄마들도 많을 것이다. 그런데 나는 그렇지 못했다. 신생아실에 아이를 처음 보러 갈 때 나는 걸어가지 못해 태어나 처음으로 휠체어를 탔다. 출산 후 배출되는 핏덩어리 '오로'를 알지 못해 조리원에서 급하게 패드를 대량으로 구매한 기억도 난다. 분만할 때 겪는 '굴욕 3종 세트'도 있다지만 출산 후 한 달간 제대로 일어서지도, 허리를 펴지도 못했을 때는 정말 힘들었다. 이대로 평생 다리를 절거나 영영 걷지 못하는 건 아닐까 하는 두려움마저 들었다.

　육아를 하면서는 확실히 깨달았다. 엄마가 된 나는 어떤 '제3의 존재'라는 것을. 아이와 함께 걷기 위해 유모차(유모차를 유아차로 불러야 한다는 의견이 있다. 아빠도 끌 수 있는데 왜 유모차(乳母車)라 불러야 하냐는 문제 제기에 대한 대안이다. 나 역시 동의하지만 나의 경우 엄마인 내가 주로 끌고 다녔기에 이 글에서는 유모차로 쓰기로 했다.)를 밀면서 수많은 턱에 좌절했다.

　턱이 하나면 어떻게든 들어 올려보는데 턱이 모여 계단이 되면 유모차와 나는 더 이상 오를 수 없었다. 다른 길을 찾거나 아예 그 길을 포기하거나 둘 중 하나였다. 길을 건너야 할 때면 불법 주정차된 차량 때문에 시야 확보가 잘되지 않았다. 동네 놀이터 입구의 턱이 너무 높아 유모차를 있는 힘껏 들어 올려야 할 때면 화가 나기도 했다. '표준'이라고 만들어놓은 길이 대체로 직립 보행하는 성인의 기준에 맞춰져 있음을 새삼 깨달았다.

복직과 동시에 육아와 일을 병행하게 됐다. 한 번도 가보지 않은 길이라 낯설고 잘 해내지 못할까 봐 겁이 났다. 일에 할애할 수 있는 시간이 상대적으로 줄어 조바심도 들었다. "아기 엄마들은 집에 가는 걸 싫어하던데 넌 참 집에 꼬박꼬박 간다"라는 말을 들었을 땐 속에서 화가 치밀어 오르기도 했다. 그래도 나는 포기하고 싶지 않다. 엄마가 되면서 새로 알게 된 인생을 공유하며 더 많은 사람들과 소통하고 싶다.

미국 역대 최다 육상 메달리스트로 최근 은퇴한 앨리슨 펠릭스. 나는 2011년 대구 세계육상선수권 대회에서 봉사활동을 하며 실제로 본 적이 있었는데 10년 만에 2020도쿄올림픽에서 다시 보게 돼 반가웠다. 펠릭스는 은퇴 후 여성 인권을 위한 다양한 활동에 나설 계획을 세우고 있다고 했다.

그는 "나는 놀라운 잠재력을 가진 여성들에게 자신감을 갖고 행동하면 된다는 것을 보여줬다. 스포츠 밖에서 여성들을 위해 해야 할 일이 많다고 생각한다"라고 말했다. 2018년 딸을 출산한 그는 '모성애가 경기력에 지장을 준다'는 이유로 후원금이 삭감되기도 했다. 이번 올림픽에서 메달 2개를 추가하며 '엄마 스프린터'의 실력을 제대로 보여줬다.[23]

임신과 출산, 육아는 나에게 또 다른 정체성을 가져다주었다. 나는 이제 대구 출신 서울 시민, 기자 직업인, 시스젠더 여성, 이성애자에서 일하는 엄마로까지 불릴 수 있다. 물론, 외부에서 나를 보는 기준에 따라 또 다른 말로 정의될 수도 있을 것이다.

일상 속에서 나는 다수자 범주에 속할 때가 많지만 어떤 상황에서는 소수자가 된다. 나는 그대로인데 상황에 따라 입장이 바뀌는 것이다. 이런 경험을 계기로 나는 누구나 소수자가 될 수 있다고 생각하게 됐다. 하나의 정체성으로 인간 대 인간의 우월성을 따지는 것은 의미가 없다. 한 인간 속에 여러 갈래가 있는 것뿐이다.

소수자는 존재만으로도 보호해야 할 필요성이 있다. 소수자가 되면 다수 집단으로부터 권리를 박탈당하거나 착취의 대상이 될 수 있기 때문이다. 소수자들은 자신의 정체성을 감추기 위해 노력하고 주변의 눈치를 살핀다. 소수자에게는 자신이 소수자임을 당당하게 밝히는 일조차 큰 용기가 필요하다.

전 세계 인구의 절반을 차지했지만 주류가 아니었던 여성은 언제나 소수자였다. 가부장제는 여성의 소수성을 더욱 견고하게 만들었고, 참다못한 여성들은 페미니즘을 촉발시켰다. 페미니즘은 여성이라는 이유만으로 인정받지 못하는 현실을 지적하고, 가부장제를 타파하기 위한 인권 이론으로 성장해왔다.

소수자를 위한 이론에 뿌리를 둔 페미니즘은 세상의 모든 소수자와 연대할 가능성을 지니고 있다. 페미니즘은 우리 모두를 위한 것이다. 언젠가부터 페미니즘을 '여성만을 위한 여성만의 권리'를 주장하는 이기적인 생각처럼 치부하고 있다. 하지만 그렇지 않다. 페미니즘은 일상 속 모든 소수자들과 지금 이 순간에도, 또 앞으로도 함께 할 것이다.

각주

1장 ───────

1   녹색소비자연대, 「시작연령 낮아지는 화장, 올바른 교육 시급」
(2017) 보도 자료.
http://gcn.or.kr/news/news_view.php?sc_master_
seq=1&pk_seq=6053

2   박진영, 「(단독)샤넬 매장 직원들 임금청구 소송… "꾸밈노동
인정하라"」, 『머니투데이』, 2018.11.01.

3   장예지, 「30분 일찍 출근해 '꾸밈노동' 제공한 샤넬 직원에 법
원 "연장근로수당 지급 안 돼"」, 『한겨레』, 2019.11.07.

4   박다해, 「"여성은 야간에도 메이크업 필수" "볼터치는 반드시"
여전한 승무원 용모 규정」, 『한겨레』, 2019.10.01.

5   정윤주, 「요거프레소, '투블럭한 여성 알바생' 부당 해고 사과」,
『YTN PLUS』, 2018.11.13.

6   Durkin, K. & Nugent, B., 「Kindergarten children's
gender-role expectations for television actors.」, Sex
Roles, 38(5-6), 1998.

7   이동규·임희준, 「여성 과학자 역할모델 사례를 활용한 진로교
육이 초등학생의 과학진로인식에 미치는 효과」, 『초등과학교
육』, 제38권 제4호, 2019

8   한국여성정책연구원, 「성평등한 진로교육의 필요성과 지원 요

구」, 이슈 페이퍼, 2019.

9   Ingppoo, 「'주머니'의 역사와 여성용 옷에 숨어 있는 성차별」, 『뉴스페퍼민트』, 2016.03.04.

10   9와 같은 글.

11   최희진, 「페미니즘 시각에서 옷 비교해보니… 性차별 관행으로 여성복 불편!」, 『신동아』, 2020.07.28.

12   고금숙, 「'핑크택스'에 반대한다」, 『한국일보』, 2016.05.02.

13   최순화, 「여자에게 비싸게 판다? 역효과 부르는 핑크택스(pink tax)」, 『매일경제』, 2017.09.04.

14   황금비, 「'우리가 멈추면 세상도 멈춘다'… #여성소비총파업 운동까지」, 『한겨레』, 2018.06.25.

15   이소라, 「선진국 '핑크택스' 철폐 속속… 한국 생리대 가격은?」, 『아주경제』, 2019.11.10.

16   심종민, 「뉴욕주 '핑크택스' 금지법 발효」, 『미주중앙일보』, 2020.10.02.

17   최지희, 「"꽉 끼는 H라인 치마? 승무원 본연 업무와 동떨어져" '젠더뉴트럴' 유니폼 채택한 신생 항공사」, 『조선비즈』, 2020.07.11.

18   채윤태, 「여성 경찰관 상징 '포순이' 21년 만에 속눈썹 없애고 바지 입는다」, 『한겨레』, 2020.07.07.

19   엄재희·오경민·이다희, 「여경에 대한 근거 없는 불신, 혐오 수준에 이르렀다」, 민주언론시민연합 보고서, 2019.07.18.

20   신혜민, 「[NOW]여학생들의 '붉은 입술'·'라인' 지켜준다는 교복업체들」, 『조선에듀』, 2018.02.20.

21   정낙영, 「우리나라 중·고등학교 여학생의 체형 인식 왜곡에 따른 건강 행태 및 식습관: 제14차 청소년 건강 행태 조사를

중심으로」, 가천대학교 교육대학원, 2020.

22 신파람·이효진, 「국내 걸그룹 교복 이미지 패션에 나타난 롤리타 콤플렉스」,『한국의류산업학회지』 19권 4호, 2017.

23 22와 같은 글.

24 박다해, 「(단독)'마른 몸 신화'에… 거식증 환자 중 10대 여성 가장 많다」,『한겨레』, 2020.10.12.

25 이진주·유명종, 「다이어트 그만두고 진짜 모델이 되다, 내추럴 사이즈 모델 치도」,『경향신문』, 2020.07.09.

26 임인숙, 「외모차별 사회의 외모 불안감과 노화 불안감」,『한국사회학회』, 2015. 08.

27 김영희, 「[유레카]탈코르셋과 자유의 쓰레기통」,『한겨레』, 2018.06.04.

28 정경준, 「[동아플래시100]경성 기생→단발 미인→영화배우, 강향란을 아시나요?」,『동아일보』 2020.09.26.

29 허정숙, 『나의 단발과 단발 전후』, 두루미, 2018.

30 서유진, 「"女승무원, 임신해도 힐 신어라" 그런 일본항공 바꾼 여배우」,『중앙일보』, 2020.03.25.

2장 ————•

1 2020년 5월 6일, 불법 촬영물 구상권 청구(성폭력방지법 개정안)에 관한 국회 여성가족위원회 법안심사소위원회 회의록 참고.

2 송승윤·이정윤, 「디지털성범죄 사라졌다?… 플랫폼 옮기며 여전히 '활개'」,『아시아경제』, 2020.11.22.

3 2017년 통계는 한국여성정책연구원의 온라인 성폭력 피해 실

태 및 피해자 보호 방안(2018)에서, 2011~2016년 4월 통계는 한국여성변호사회(2016년)의 '온라인 성폭력 실태 및 피해자 지원을 위한 심포지엄'에서 발췌.

4　박미영, 「서울고법 "'웰컴 투 비디오' 손정우, 美 송환 불허"」, 『법률신문』, 2020.07.06.

5　박다해, 「레깅스 불법 촬영 무죄" 법원, 판결문에 피해 여성 사진 실었다」, 『한겨레』, 2019.11.03.

3장 ━━━━━

1　국가인권위원회 차별시정위원회, 19진정0493800·19진정0939000(병합) 방송국의 여성 아나운서에 대한 고용 차별 및 국가인권위원회 진정을 이유로 한 불이익 사건 결정문. 2020.

2　통계청, 2019년 8월 「경제 활동 인구 조사」 중 「근로 형태별 부가 조사」 결과.

3　2와 같은 글.

4　OECD(2020), 성별 임금격차(지표). doi: 10.1787/7cee77aa-en https://data.oecd.org/earnwage/gender-wage-gap.htm(2020. 10. 03. 접속)

5　신선미·김종숙·이선행·김효경·강경주·윤혜준, 「노동시장 성격차 해소를 위한 분야별 전략개발(Ⅲ):성별 전공분리를 중심으로」 보고서, 한국여성정책연구원, 2020.

6　조혁진·김윤영·이태정·최인이, 「성별화된 노동시장과 여성중심직종 노동자의 이해대변」 보고서, 한국노동연구원, 2020.

7　최세림·정세은, 「성별 직종분리와 임금격차: 현황 및 임금공개

의 기대효과」 보고서, 한국노동연구원, 2019.

8   통계청, 2020년 「경제 활동 인구 조사」 중 「성별 일자리 선택
     기준」.

9   8과 같은 글.

10   김난주·이승현·이서현·황성수·박미연, 「남녀 임금격차 실태
     조사」 보고서, 국가인권위원회, 2017.10.

11   10과 같은 글.

12   영국 『이코노미스트』 홈페이지
     https://www.economist.com/graphic-detail/
     2019/03/08/the-glass-ceiling-index (2020. 10. 03. 접속)

13   12와 같은 글.

14   사람인, 「매출액 상위 50대 기업 평균 연봉 분석」 보도자료,
     2019.01.

15   김애령, 「책임의 연대-'#미투' 이후의 과제」, 『여성학연구』, 부
     산대학교 여성연구소, 2019, 139~165쪽.

16   최부경·안지영, 「기업의 여성 임원 비율이 여성 중간관리자의
     승진과 임금에 미치는 효과에 관한 연구」, 『여성연구』, 한국여
     성정책연구원, 2020, 63~95쪽.

17   신민주·장희은, 「합리성의 역설: 인사 시스템의 합리화는 성별
     임금격차를 줄이는가?」, 『산업관계연구』, 한국고용노사관계학
     회, 2020, 27~57쪽.

18   여성가족부, '상장법인 전체 성별 임원 현황 조사 결과' 보도
     자료, 2020.06.

19   고용노동부, '2019년도 적극적 고용개선조치 부진 사업장 명
     단 공표' 보도 자료, 2019.03.08.

20   통계청, '2020년 4월 고용 동향'.

21 장진희, 「혼인과 자녀가 성별 임금격차에 미치는 영향」, 『이화 젠더법학』, 2020, 179~212쪽.

22 국미애·고현승, 「서울시 사회서비스 종사자 근로조건 개선방 안」 보고서, 서울시 여성가족재단, 2018.11.

23 22와 같은 글.

24 통계청, '가계 생산 위성계정 개발 결과·무급 가사 노동가치 평가' 보도 자료, 2018.10.08.

25 고용노동부, '가사 서비스 시장 공식화, 활성화를 위한 첫 단 추' 보도 자료, 2020.07.07.

26 김난주·이승현·이서·황성수·박미연, 「남녀 임금격차 실태 조 사」 보고서, 국가인권위원회, 2017.10.

27 오세미·안준기, 「청년층의 성별 임금격차에 관한 연구」, 2017 고용패널 학술대회, 2017, 511~529쪽.

28 김난주, 「한국의 성별 임금격차 현황과 성평등 임금 공시제 도 입」, '성평등 임금 공시제' 법제화를 위한 국회 토론회 자료집, 2020.07.14.

29 서울시, '서울시, 평등한 노동출발선 지원 '성평등 임금 공시제' 국내 최초 시행' 보도 자료, 2019.12.09.

30 김난주, 「한국의 성별 임금격차 현황과 성평등 임금 공시제 도 입」, '성평등 임금 공시제' 법제화를 위한 국회 토론회 자료집, 2020.07.14.

31 황순옥, 「독일의 공정임금법과 성별공시제도」, '성평등 임금 공 시제' 법제화를 위한 국회 토론회 자료집, 2020.07.14.

32 백미연, 「한국 미투 운동 이후 페미니즘 정치의 전환: '연대의 정치를 향하여'」, 『정치사상연구』, 한국정치사상학회, 2019, 68~92쪽.

1 국립국어원에서 운영 중인 우리말샘은 일반 사용자가 어휘를 등록하고 편집할 수 있는 사용자 참여형 온라인 국어사전이다. 일반어, 북한어, 신조어, 방언, 옛말 등이 등재되어 있다.

2 유현민, 「'성전환 강제전역' 변희수 전 하사 숙제 남기고 떠나다」, 『연합뉴스』, 2021.03.04

3 군인권센터 성명 자료, 「국가가 인정한 인권침해, 트랜스젠더 강제 전역-인권위 변희수 하사 진정 인용 환영」, 2021.02.01.

4 이비슬, 「여대 페미니스트, 트랜스젠더여성 입학 반대 왜?」, 『뉴스1』, 2020.02.05

5 세계보건기구, 질병 및 관련 건강 문제 국제 통계 분류(ICD-11) 맥락에서 트랜스젠더 건강(https://icd.who.int/browse11/l-m/en#/http%3a%2f%2fid.who.int%2ficd%2fentity%2f334423054)

6 ICD-11 정신장애 분류 06 정신, 행동 또는 신경 발달 장애(https://icd.who.int/browse11/l-m/en#/http%3a%2f%2fid.who.int%2ficd%2fentity%2f334423054)

7 김원진, 「성기 제거 안 해도 '남→여' 성별 정정 첫 허가」, 『경향신문』, 2017.02.16.

8 류미나, 「금태섭 "퀴어축제 가볼래?"…안철수 "거부할 권리도"」, 『연합뉴스』, 2021.02.18

9 퀴어 퍼레이드, 위키백과

10 국가기록원 홈페이지

11 이현주, 「2030 男 '페미니즘' 공부에 빠진 이유… "강요받던 남성성 탈출"」, 『아시아경제』, 2019.08.24.

12 국가인권위원회, 「제2장 혐오표현의 개념과 유형」, 『혐오표현

리포트』, 11쪽.

13   서울시여성가족재단, 그림 II-10 월별 여성혐오와 젠더갈등 키워드 기사 건(2015-2019.08.02), 「II 사회갈등의 다양한 양상과 여성혐오 담론의 전개」, 『여성혐오 담론분석을 통해 본 사회적 갈등 대응 방안 연구』, 46쪽.

14   최미랑·이유진, 「"우리는 '강남역 사건' 이전으로 돌아갈 수 없다"」, 『경향신문』, 2017.05.16

15   백래시, 네이버 지식백과 시사상식사전

16   장아름·이기림 「박나래, 남자인형 성희롱 논란 '혐의없음'… "음란행위로 볼 수 없어"」, 『뉴스1』, 2021.06.28.

17   16과 같은 글.

18   판례 정보 음란 물건 전시 대법원 2014.06.12., 선고, 2013도 6345, 판결.

19   국가인권위원회 보도 자료 '인권위, 차별금지법 제정을 국무총리에게 권고', 2006.07.24.

20   황혜경, 「김한길 의원 등 '차별금지법' 발의 철회」, YTN, 2013.04.19.

21   국민동의청원 홈페이지

22   국가인권위원회 보도 자료, 2020 차별에 대한 국민 인식 조사 "코로나19, 국민들의 차별에 대한 민감성 높여", 2020.06.23.

23   한영혜, 「육아한다고 후원 끊겼다…펠릭스 '메달 11개' 기적 그뒤엔」, 『중앙일보』, 2021.08.10

KI신서 9907

페미니즘 리포트

1판 1쇄 인쇄 2021년 9월 13일
1판 1쇄 발행 2021년 9월 24일

지은이 김아영 이현주 한고은 박다해
펴낸이 김영곤
펴낸곳 (주)북이십일 21세기북스

출판사업본부 콘텐츠개발팀장 장인서
마케팅본부장 변유경
마케팅1팀 배상현 이보라 한경화 김신우
영업본부장 민안기
출판영업팀 김수현 이광호 최명열
제작팀 이영민 권경민
디자인 design S

출판등록 2000년 5월 6일 제406-2003-061호
주소 (10881) 경기도 파주시 회동길 201(문발동)
대표전화 031-955-2100 **팩스** 031-955-2151 **이메일** book21@book21.co.kr

(주)북이십일 경계를 허무는 콘텐츠 리더

21세기북스 채널에서 도서 정보와 다양한 영상자료, 이벤트를 만나세요!
페이스북 facebook.com/21cbooks **포스트** post.naver.com/21c_editors
인스타그램 instagram.com/jiinpill21 **홈페이지** www.book21.com
유튜브 youtube.com/book21pub
서울대 가지 않아도 들을 수 있는 **명강의!** 〈서가명강〉
네이버 오디오클립, 팟빵, 팟캐스트에서 '서가명강'을 검색해보세요!

ⓒ 김아영, 이현주, 한고은, 박다해, 2021

ISBN 978-89-509-9750-2 03300